Plutarh

TESEJ
ROMUL

REČ I MISAO
KNJIGA 549

Urednik
JOVICA AĆIN

Prevod s grčkog, beleške i pogovor
Dr KSENIJA MARICKI GAĐANSKI

CIP – Каталогизација у публикацији
Народна библиотека Србије, Београд

929(38) Тезеј
929(37) Ромул
821.14'02-94

ПЛУТАРХ

Tesej ; Romul / Plutarh. – [prevod s grčkog, beleške i pogovor Ksenija Maricki Gađanski]. – Beograd : Rad, 2004 (Lazarevac : Elvod-print). – 115 str. ; 21 cm. (Biblioteka Reč i misao ; knj. 549)

Prevodi dela: 1. Theseus; 2. Rhomylas. Tiraž 1.000. – O Plutarhu: str. 109–114. – Napomene i bibliografske reference uz tekst.

ISBN 86-09-00836-3

1. Плутарх: Ромул
a) Тезеј b) Ромул, римски краљ

COBISS.SR-ID 112705548

PLUTARH

TESEJ
ROMUL

IZDAVAČKO PREDUZEĆE „RAD"
BEOGRAD

Akademiku
FANULI PAPAZOGLU
svom uvaženom i dragom učitelju
sa zahvalnošću za saznanje
o potrebi strogog ali tačnog
i istinitog kazivanja o prošlosti
posvećuje ovo izdanje
Ksenija Maricki Gađanski

TESEJ

TESEJ I ROMUL

1 Kao što u geografskim opisima, Sosije Senekione*, istoričari, pritešnjeni onim što izmiče njihovom poznavanju na najudaljenijim mestima njihovih karti, tu dopisuju da je »s one strane samo bezvodan pesak, pun divljih životinja« ili »tamna močvara« ili »skitski led« ili »zamrznuto more«, tako bih i ja, u pisanju ovih uporednih životopisa, prošavši ono vreme koje je pristupačno dokazivanju i gde se istorija zasniva na činjenicama, najbolje o tim davnim vremenima mogao da kažem: »S one strane su stvari čudnovate i tragične, oblast pesnika i mitografa, gde ništa nije pouzdano ni jasno«.

Međutim, objavivši spis o zakonodavcu Likurgu i o kralju Numi, nije izgledalo nelogično da zađemo još dublje u prošlost do Romula, jer nas je istorija dovela blizu njegovih vremena. Onda sam razmišljao, kako kaže Ajshil:

„uz takvog junaka ko da stupi?
koga da mu suprotstavim? ko je prikladan?"**

pa mi se učinilo da se ocu nepobedivog i slavnog Rima najzgodnije može nasuprot staviti i uporediti osnivač lepe i proslavljene Atine.

---
* Prijatelj cara Trajana.
** Stihovi iz Ajshilove drame *Sedmorica protiv Tebe*.

Neka nam, dakle, pođe za rukom da mitsku priču, pročišćenu, nateramo da se podvrgne razumu i da dobije izgled istorije; ali tamo gde ona tvrdoglavo prezre ono što je moguće i ne prihvatiti ni delić onog što je verovatno, tražićemo blagonaklone čitaoce i one koji strpljivo dočekuju priče iz starine.

2 Učinilo mi se, u svakom slučaju, da Teseja sa Romulom povezuje veliki broj sličnosti. Obojica su bili nezakonita deca tajnog rođenja, a smatralo se da su božanskog porekla,

„*I ratnici obojica, kao što to svi znamo*",[*]

povezujući razum sa snagom. Od dva najveličanstvenija grada na svetu, jedan je osnovao Rim, a drugi je spojio naselja u Atinu. I jedan i drugi su, takođe, otimali žene. Ni jedan nije izbegao domaću nesreću ni kivne srodnike, a kažu i da su se obojica, na kraju života, zavadili sa svojim sugrađanima, ako se može uzeti da doprinosi istini nešto od onoga što saopštavaju oni čije reči izgledaju najmanje patetične.

TESEJEVO POREKLO I ROĐENJE

3 Tesejev rod, po ocu, seže do Erehteja i prvih autohtonih žitelja, a po majci je bio potomak Pelopov. Pelop je, naime, bio najmoćniji među kraljevima na Peloponesu, i to ne po svome bogatstvu već zahvaljujući svojoj brojnoj deci. Mnogo je kćeri poudavao za najbolje ljude, a širom zemlje je na čelo polisima postavio

---
[*] Stih iz Homerove *Ilijade* 7, 281.

mnogo svojih sinova. Jedan od njih, Tesejev deda Pitej, osnovao je Trojzen, grad doduše neveliki, ali je on stekao veliki ugled među svima kao čovek upućen u znanja svoga vremena i veoma mudar. Čini se da su izgled i značenje njegove mudrosti bili isti onakvi kakvima se poslužio Hesiod, postavši po njima slavan, posebno po zbirci mudrih izreka u svojoj knjizi *Dnevni poslovi*. Kažu da je jedna od tih izreka zapravo Pitejeva:

„Kad se prijatelju obeća novčana nagrada, ona treba da bude pristojna".*

To je, u svakom slučaju, rekao filosof Aristotel, a Euripid, sa svoje strane, nazvavši »Hipolita učenikom časnoga Piteja«**, pokazuje kakav je ugled uživao Pitej.

Priča se da je Ajgeju, koji je želeo decu, Pitija dala ono slavno proročanstvo sa zapovešću da ne bude ni sa jednom ženom dok ne dođe u Atinu. Njemu se učinilo da ona to nije sasvim jasno izrazila. Stoga, prolazeći kroz Trojzen, on poveri Piteju božje reči koje su ovako glasile:

„Nemoj osloboditi nogu koja strši iz mešine, veliki narodni vođo, pre no što stigneš u grad Atinu".

Jasno je kako je to Pitej shvatio, pa ga je ili nagovorio ili prevario da se nađe s Ajtrom. Našavši se s njom i saznavši da je bio u stvari sa Pitejevom ćerkom, a podozrevajući da je ona zatrudnela, ostavi on svoj mač i sandale,

---
* Hesiod, *Dnevni poslovi*, stih 370.
** Euripid, *Hipolit*, stih 11.

sakrivši ih ispod velike stene u kojoj je bila rupa taman dovoljna da stanu ovi predmeti. To je saopštio jedino njoj i zapovedio joj, u slučaju da mu se rodi sin i kad stigne do muževnog uzrasta, ako bude u stanju da podigne tu stenu i da odatle izvadi ostavljene predmete, da mu ga pošalje zajedno sa svim tim, ali da niko ne zna i da se pri tom što je mogućno više krije od sveta – on se, naime, strašno bojao Palantovih sinova koji su mu radili o glavi i prezirali ga zato što nije imao dece; tih Palantovih sinova bilo je pedeset na broju; potom je otputovao.

4 Ajtra je rodila sina i, kako jedni kažu, on je odmah nazvan Tesejem po mestu* gde su se nalazili znaci za raspoznavanje. Po drugoj verziji, dobio je to ime kasnije kada ga je Ajgej priznao** kao svog sina. Odgojio ga je Pitej, a vaspitavao ga je i učio čovek po imenu Konida, kome do dana današnjeg Atinjani prinose na žrtvu ovna jedan dan pre Tesejevog praznika, u znak sećanja i uvažavanja koje je u većoj meri opravdano nego uvažavanje koje iskazuju Silanionu i Parasiju, koji su bili samo tvorci Tesejevih slika i kipova.

DIGRESIJA O KOSI I ABANTIMA

5 U to vreme je postojao običaj da dečaci pri kraju svog detinjstva idu u Delfe i da bogu prinesu na žrtvu svoju kosu prvi put odsečenu. Tesej je tako došao u Delfe, a po pričanju se

---
* grčki: thesis
** grčki: themenos

još i sada jedno mesto tamo naziva po njemu: *Theseia*. On je, međutim, ošišao kosu samo spreda kako je Homer rekao za Abante. Takva vrsta frizure je po njemu nazvana »teseida«.

Abanti su se prvi šišali na taj način, i to nisu naučili od Arabljana, kako neki misle, niti su se ugledali na Mišane, već su bili ratnici koji su se borili iz blizine, najviše od svih se izveštivši u borbi prsa u prsa s neprijateljem. O tome svedoči i Arhiloh u ovim stihovima:

„Luka ne mare mnogo natezat, nit zrakom im
gusto
Zuji praćice zuj, kreševo Ares kad bog
Na polju zavrgne bojnom. Mač krvavo zaigra
kolo –
Takav im mili se boj, u njem vještaci su baš
Ti gospodari Eubeje, sve slavni na koplju
junaci".*

Stoga su se šišali kako ne bi pružili priliku neprijatelju da ih zgrabi za kose. Kažu da je i Aleksandar Makedonski, vodeći o tome računa, naredio generalima da obriju svoje makedonske brade, smatrajući da bi to u bitkama mogla biti najslabija strana.

TESEJ KREĆE U ATINU

6   Sve to vreme je Ajtra krila istinu o Tesejevom rođenju, a zahvaljujući Piteju bila se razglasila priča da mu je otac bio Posejdon. Posejdona, naime, Trojzenjani posebno poštuju i ovaj bog je njima zaštitnlk grada, a na žrtvu mu se

---
* Prevod Kolomana Raca.

prinose svi prvi plodovi, dok je njegov trozubac amblem na njihovom novcu.

Kad je Tesej postao mladić, pokazujući, uz telesnu snagu, srčanost, odlučnost i trezvenost kao i um i pamet, odvede ga onda Ajtra do one stene i obavesti ga o njegovom rođenju, pa mu naredi da izvadi odande očeve simbole i da otplovi u Atinu.

On podmetne rame i lako podigne stenu, ali odbije da putuje morem, iako je to bio siguran put, a deda i majka su ga za to molili. Naime, bilo je teško da se putuje u Atinu kopnenim putem, koji ni na jednom svom delu nije bio čist od lupeža i razbojnika ni bezopasan. Izgleda da je ono vreme stvaralo ljude izvanredne i neumorne, što se tiče dela njihovih ruku, brzine nogu i telesne snage, ali koji se svojom prirodom nisu služili za neki dostojan ili koristan cilj. Naprotiv, uživajući u preteranoj osionosti i koristeći se svojom snagom, oni su divljačno i s mržnjom hvatali, zlostavljali i uništavali sve što god bi im došlo pod ruku. Smatrali su da većina ljudi hvali stid i pravičnost, jednakost i čovečnost iz nedostatka hrabrosti da čine nepravdu i iz straha da će se njima naneti nepravda, a da to uopšte ne pristaje onima koji su u stanju da sebi uzmu što više. Neke od ovakvih je Herakle potamanio i pobio dok je išao po svetu, a drugi su se pri njegovom prolasku posakrivali i uzmakli, ili on o njima nije vodio računa jer su se pravili beznačajnim.

Kada je Herakle dopao bede i ubio Ifita, otišao je u Lidiju i služio je dugo kao rob kod Omfale, što je sam sebi nametnuo za to ubistvo. Tada je situacija u Lidiji bila mirna i bezbedna, ali su se po mnogim mestima u Heladi ponovo javila i buknula nevaljalstva, jer nije bilo nikoga da ih suzbije niti da ih spreči.

Bilo je dakle, pogubno da se peške putuje sa Peloponesa u Atinu, pa je Pitej pokušao da Teseja pridobije ne bi li putovao morem, opisujući mu pojedinačno te lupeže i zlotvore, kakav je koji i šta sve radi sa strancima.

Njega je, međutim, odavno krišom obuzeo plamen slave zbog Heraklove hrabrosti; i najviše je njega cenio, pa bi postao najpažljiviji slušalac kad bi neko opisivao Herakla, a posebno ako su to bili očevici i svedoci onoga što je Herakle govorio i činio. Očigledno je on u tom trenutku preživljavao to isto što i toliko godina kasnije Temistokle, kad je rekao da mu Miltijadova pobeda ne dâ da spava.

Tako se on divio Heraklovoj hrabrosti da je noću sanjao njegove podvige, a po danu ga je pokretala želja za nadmetanjem, podstičući ga da smišlja kako bi sam isto postigao.

7 A desilo se da su njih dvojica bili i u srodstvu, kao deca dve sestre. Jer je Ajtra bila Pitejeva kći, a Alkmena Lisidikina. Lisidika i Pitej, opet, bili su brat i sestra, a roditelji su im bili Hipodamija i Pelop. Stoga se njemu činilo da je to strašno i nepodnošljivo da on beži od neprilika i napora koji mu se ispreče na putu, dok je onaj drugi čistio i zemlju i more od zlikovaca, napadajući ih svuda. Putujući, dakle, morem kao da beži, osramotio bi onog za koga javno govore i misle da mu je otac[*], a svom pravom ocu[**] bi kao znake raspoznavanja do-

---
[*] tj. Posejdon
[**] tj. Ajgej

neo sandale i mač bez ikakvih tragova krvi, ne pružajući odličnim delima i podvizima smesta jasne dokaze o svom plemenitom poreklu.

Tako raspoložen i tako razmišljajući krene on na put, nameran da nikom ne nanosi nepravdu, ali da se brani od onih koji bi prvi započeli nasilje.

PRVI TESEJEVI PODVIZI

POBEDA NAD PERIFETOM

8   Najpre se u oblasti oko Epidaura sukobio s Perifetom čije je omiljeno oružje bio buzdovan, pa je po tome i dobio ime Buzdovandžija.* Ovaj je navalio na Teseja da ga spreči da prođe, pa ga je Tesej ubio. Jako mu se svideo njegov buzdovan, pa ga je uzeo kao svoje oružje, služeći se njime neprekidno kao Herakle lavljom kožom. Herakle je nosio ovu kožu da se vidi kakvu je ogromnu i koliku zver savladao, a Tesej je, opet, pokazivao buzdovan koji je on uspeo da pobedi, a koji je u njegovim rukama bio nepobediv.

POBEDA NAD SINIDOM

Na Istmu je ubio Sinida Savijača borova na isti način na koji je ovaj poubijao mnoge. Nije se Tesej u tome ranije vežbao niti je na to

---

* Korinet, jer se buzdovan grčki kaže korine (koryne – Korynetes)

bio navikao, već je pokazao da pravo junaštvo nadmašuje svaku veštinu i uvežbanost.

A Sinid je imao veoma lepu i stasitu ćerku, koja se zvala Periguna. Posle očeva ubistva ona pobegne, pa je Tesej tražio obilazeći svuda naokolo. Ona se, međutim, sklonila na neko mesto obraslo gustim čestarom trnovitog žbunja i viline metle,* koje je sasvim detinjski nevino počela da moli, kao da je bilje razume, zaklinjući se da ga nikad više neće gaziti ni spaljivati ako je sada spase i sakrije.

Ali je Tesej dozivao dajući joj reč da će se o njoj lepo brinuti i da joj neće učiniti ništa nažao. I tako ona izađe. Zatim stupi u vezu sa Tesejem i rodi Melanipa. Kasnije je postala žena Dejoneja, sina Eurita iz Ojhalija kome je nju dao Tesej.

Tesejev sin Melanip je, dalje, imao sina Ijoksa koji je s Ornitom sudelovao u slanju kolonije u Kariju. Otada je ostao starinski običaj i kod muškaraca i kod žena, Ijoksovih potomaka, da ne spaljuju bodlje viline metle ni trnje, već da im iskazuju čast i poštovanje.

POBEDA NAD KROMIONSKOM SVINJOM

9 Kromionska svinja, koju su zvali Faja, nije bila obična životinja, već ratoborna i teško savladiva. S njom se on ogledao u boju i ubio je »onako usput«, kako ne bi izgledalo da ga nužda nagoni na sve što čini. Uz to je mislio, da, kada se radi o ljudima, čestit čovek treba da navaljuje na zlikovce jedino u samoodbrani, ali, kada su u pitanju životinje, može i prvi da napadne i da se u

---
* grčki: aspharagon

borbi sa jakim životinjama i sam izloži opasnosti.

Neki opet kažu da je ta Faja bila žena razbojnik, krvoločna i neobuzdana, da je živela baš u Kromionu i da su je nazivali Svinja zbog njenih navika i života i da je nastradala od Tesejeve ruke.

POBEDA NAD SKEJRONOM

10 A Skejrona je ubio ispred Megare, bacivši ga sa stene. On je, kao što se najčešće priča, prolaznike pljačkao, ili bi, prema nekima, osiono i razuzdano pružio svoje noge naređujući da se operu, a zatim bi se ritnuo i gurnuo u more one što su mu prali noge.

Međutim, autori iz Megare se suprotstavljaju ovoj verziji »ratujući«, po Simonidovim rečima, »sa davnim vremenom«. Oni tvrde da Skejron nije bio ni nasilnik ni razbojnik već, naprotiv, onaj koji razbojnike kažnjava, i rođak i prijatelj valjanih i pravednih ljudi.

Smatra se, naime, da je Ajak najpobožniji od svih Helena, a Kihrej sa Salamine uživa u Atini božanske počasti, i nema čoveka kome bi bila nepoznata vrlina Pelejeva i Telamonova. Po tom, Skejron je bio Kihrejev zet, tast Ajakov, a deda Peleja i Telamona, sinova Enejidinih, koja je bila Skejronova i Hariklejina ćerka. Svakako nije verovatno da bi ovi najbolji ljudi stupili u porodične veze s tako rđavim čovekom, dajući mu i primajući ono što je najveće i najčasnije.

Ali za Teseja kažu da se to nije dogodilo kada je prvi put išao u Atinu već kasnije, kada je Eleusinu, koju su držali Megarani, zauzeo

tako što je prevario njihovog vladara Diokla, i tada je ubio Skejrona.
U ovome, dakle, postoje takve protivrečnosti.

POBEDE NAD KERKIONOM I NAD PROKRUSTOM

11 U Eleusini je u rvanju pobedio Kerkiona iz Arkadije i ubio ga; pošavši još malo dalje, u Erineju je ubio Damasta, onoga Prokrusta, prisilivši ga da se istegli onoliko koliki su mu bili kreveti, kao što je on radio sa strancima.

Postupajući ovako, Tesej je, naime, podražavao Herakla, koji bi se u samoodbrani uvek poslužio onim istim sredstvima kojim i oni što bi ga prvi napali. Tako je Busirida prineo na žrtvu, Antaja pobedio u rvanju, Kikna savladao u dvoboju, a Termera ubio razmrskavši mu glavu. Po tome kažu da je i nastao izraz »Termerovsko nedelo«, jer je Termer ljude koje bi sretao ubijao tako što bi svojom glavom udarao o njihovu.

Isto tako je Tesej iz osvete napadao zlikovce onako kako su oni vršili nasilja nad drugima; izloženi tom nasilju, oni bi pravedno preživeli iste muke koje su nepravedno nanosili drugima.

TESEJ STIŽE U ATINU I POBEĐUJE PALANTIDE

12 Tesej je nastavio put i stigao na obalu Kefisa, gde su mu u susret izašli ljudi dz roda Fitalida

i prvi ga pozdravili. Na njegovu molbu su ga, u skladu s običajima, očistili, prineli žrtvu pokajnicu i ugostili ga u svom domu. Pre toga nikog na celom putu nije sreo da je bio ljubazan.

Kažu da je stigao u Atinu osmog dana meseca kronija, koji se sada zove hekatombajon. Došavši u grad, zatekao je javne prilike u velikom nemiru i razdoru, a posebno su stvari loše stajale u vezi s Ajgejem i njegovom kućom.

Naime, Medeja, koja je pobegla iz Korinta, obećala je da će nekim lekovima spasti Ajgeja njegove bezdetnosti, pa je živela s njim.

Ona je prva osetila ko je zapravo Tesej, a Ajgej, postariji i u stalnom strahu od pobune, ništa nije slutio. Tako ga ona nagovori da stranca pozove na gozbu i da ga otruje.

Tesej, dakle, dođe na taj doručak, ali nije hteo prvi da obelodani svoj identitet, u želji da ocu ostavi priliku da ga sam prepozna. Kad je došlo na red meso, on izvuče onaj svoj nož, kao da hoće njime da seče hranu i pokaže ga Ajgeju.

U magnovenju Ajgej shvati, prevrne pehar s otrovom, zatim svog sina iskuša i zagrli ga. Skupivši potom građane, on ga i zvanično prizna, a oni Teseja lepo prime zbog njegove valjanosti i hrabrosti.

Kažu da se otrov iz prevrnutog pehara razlio po onom mestu gde se danas nalazi sveto zemljište u Delfiniju. Tamo je, naime, boravio Ajgej, a Hermesa, koji se nalazio istočno od svetilišta, zovu Hermesom sa Ajgejeve kapije.

13   Što se Palantida tiče, ranije su se nadali da će oni naslediti kraljevsku vlast ako Ajgej umre bez svoga potomstva. Kad je sada kao nasled-

nik priznat Tesej, oni započnu rat, jer je bilo već dovoljno teško što kraljevsku vlast ima Ajgej, koji je bio Pandionov usvojenik i ni na koji način nije pripadao Erehtejevom rodu, a kamoli da budući kralj postane Tesej, opet jedan došljak i stranac. Tako se oni podele u dve skupine, pa jedna od njih otvoreno, pod vođstvom svog oca[*] krene na grad, a druga krišom postavi zasedu na Gargetu, nameravajući tako da sa dve strane napadnu svoje protivnike.

Međutim, među njima je bio i jedan čovek iz deme Hagnus, glasnik po imenu Leos, koji je Teseju dojavio šta su Palantidi smislili da urade.

Ovaj onda iznenada napadne na one u zasedi i sve ih pobije. A kada su za to saznali Palantovi pratioci, razbeže se na sve strane.

Od toga doba, kažu, da članovi Palenske deme međusobno ne sklapaju brak s pripadnicima Hagnuske deme, niti se kod Palenjana vesti objavljuju uz uobičajeni poziv »Počuj narode«,[**] jer zbog one izdaje mrze i samo ime toga čoveka.

NOVI TESEJEVI PODVIZI

POBEDA NAD MARATONSKIM BIKOM

14 Tesej, u želji da bude aktivan a i da pridobije narod, pođe sad na maratonskog bika, koji je pravio nemale neprilike stanovnicima Tetra-

---

[*] tj. Palant
[**] grčki: leos

polja. Pošto ga je savladao, svima ga pokaže živog, terajući ga kroz grad da bi ga na kraju prineo na žrtvu Apolonu Delfiniju.

SUSRET SA HEKALOM

A što se tiče Hekale i one priče o tome kako je ona dočekala i ugostila Teseja, izgleda da u tome ipak ima zrnce istine. Naime, okolne deme prinosile su žrtve Zevsu Hekalskom za vreme praznika koji je njemu posvećen i iskazivale su počasti Hekali, zovući je od milja Hekalinom. To su činili zato što je ona, kada je dočekala Teseja koji je bio sasvim mlad, njega pozdravila onako kao što čine starice i ljubazno mu se obraćala takvim rečima od milja. Kada je Tesej pošao u borbu[*], ona se zavetovala da će Zevsu prineti žrtvu u slučaju da se on srećno vrati; umrla je, međutim, pre njegovog povratka. Stoga joj se, po Tesejevom naređenju, kao uzdarje za njenu gostoljubivost iskazuju navedene počasti, kako saopštava istoričar Filohor.

O POREKLU ATINSKOG DANKA KRIĆANIMA

15 Uskoro sa Krita po treći put stignu skupljači danka.
    Većina pisaca se slaže u tome da je Minoj posle Androgejeve smrti, koji je izgleda na prevaru bio ubijen u Atici, zavojštio na tu

---
[*] sa bikom

zemlju i naneo ljudima mnogo zla, dok je božanstvo haralo po njoj – silna je besplodnost i boleština udarila a reke presušile.

Bog im je tada naložio da umilostive Minoja i da se s njim izmire ne bi li se oslobodlili gneva i ne bi li prestale nevolje.

Na to oni pošalju glasnike da ga umole, pa sklope sporazum da mu svakih devet godina kao danak šalju po sedam neoženjenih mladića i isto toliko devica.

Kad bi mladići i devojke stigli na Krit, po najtragičnijoj verziji priče izlazi da je njih sve u Lavirintu ubijao Minotaur, ili da su oni tamo, lutajući, umirali ne mogavši da pronađu izlaz.

A Minotaur je, kako kaže Euripid, bio

,,*pomešano biće i stvorenje zaludno"*

i

,,*dvostruke prirode, pola čovek pola bik"*.

16 Filohor, međutim kaže da Krićani ovo poriču, tvrdeći da je Lavirint bio zatvor, gde zatvorenike nije očekivalo nikakvo drugo zlo osim nemogućnosti bekstva. A Minoj je ustanovio održavanje gimničkih igara u spomen Androgeju, i pobednici bi za nagradu dobijali mlade Atinjane dotle zatvorene u Lavirintu. Na prvim takvim igrama pobedu je odneo čovek koji je tada pod Minojem bio najmoćniji i stajao na čelu vojske. Zvao se Taur i bio je čovek ne odmeren i plemenit već se prema onoj atinskoj omladini ponašao arogantno i surovo.

I sam Aristotel, u svom *Ustavu Botijeje*, očigledno ne smatra da je Minoj ubijao mladiće, nego da bi oni, služeći, na Kritu i ostareli. Takođe kaže da su Krićani jednom, ispunjavajući neki stari zavet, poslali u Delfe na dar svoje prvorođene sinove, a sa tima koje su poslali, otišli su, izmešani, i potomci onih Atinjana.

Oni tamo nisu uspeli sami da se ishrane, pa su najpre prešli u Italiju i tamo se naselili u oblasti Japigiji, a odatle su se zatim preselili u Trakiju i nazvali se Botijejci. Stoga i botijejske devojke, prinoseći neku žrtvu pevaju

„*Podimo u Atinu*".

Izgleda zaista da je opasno postati omražen u gradu sa razvijenom reči i umetnošću, jer su Minoja neprestano u atičkim pozorištima ružili kao rđavog čoveka. A nije mu mnogo koristilo ni to što ga je Hesiod nazvao »kraljem nad kraljevima«, a Homer »Zevsovim pouzdanikom«[*]. Naprotiv, nadvladali su tragičari koji su ga sa pozorišne platforme i scene zasuli kišom pogrda, prikazujući ga kao surovog i osionog čoveka. Pa ipak se tvrdi da je Minoj bio kralj i zakonodavac, a da je Radamant bio sudija koji je bio čuvar određenih zakonskih normi ustanovljenih od strane Minoja.

TESEJ ODLAZI NA KRIT

17 Kad je stiglo vreme da se danak plati po treći put, trebalo je da očevi dovedu svoje neoženjene sinove kako bi se kockom odredilo ko će ići na Krit. Ponovo se začuju prekori Ajge-

---

[*] Homerova *Odiseja* 19, 179.

ju, jer se narod ljutio i žalio da je on glavni uzročnik svemu, a da jedini on ne trpi tu kaznu. Naprotiv, ostavivši vlast onom svom nezakonitom sinu i strancu, on se i ne osvrće na njih, koji ostaju bez svoje zakonite dece i lišeni naslednika. To je Teseja zabolelo; procenjujući da nije pravo da se ogluši, već da treba sa narodom da podeli njihovu sudbinu, istupi i dobrovoljno se prijavi, bez izvlačenja kocke.

Svima je ova srčanost izgledala divna i bili su oduševljeni njegovim narodskim držanjem. Ajgej je, posle svih molbi i preklinjanja, shvatio da je nemoguće da ga nagovori da promeni svoju odluku, pa je produžio da kockom određuje ostale.

Helanik, međutim, kaže da se nije tako kockom određivalo koje će mladiće i devojke grad poslati, već da bi sam Minoj lično došao da ih odabere; pre svih je sad izabrao Teseja, i to pod određenim uslovima. Uglavljeno je, naime, bilo da Atinjani opreme lađu, da se na nju s njim ukrcaju i da otplove oni izabrami, ali bez ikakvog »ratničkog oružja«, i, najzad, da ovo ispaštanje prestane posle Minotaurove smrti.

Ranije nije bila ostavljena nikakva nada u spasenje, pa su Atinjani slali lađu opremljenu crnim jedrom kao da je nesreća sasvim očevidna. Sad je, međutim, Tesej hrabrio svog oca hvaleći se da će svakako savladati Minotaura, pa je ovaj[*] dao kormilaru i drugo, belo jedro, sa zapovešću da ga pri povratku istakne

---
[*] tj. Ajgej

u slučaju da se Tesej spase, a ako se ne spase da plovi sa crnim jedrom kao znakom tuge.

Simonid, pak, tvrdi da to drugo jedro koje je dao Ajgej nije bilo belo, već »purpurno jedro obojeno vlažnim cvetom bujnoga hrasta«. Ono je trebalo da predstvlja znak da su se spasli. A lađom je, prema Simonidovim rečima, upravljao Ferekle, Amarsijin sin. Filohor, s druge strane, tvrdi da je Tesej za kormilara uzeo Nausitoja, koga mu je poslao Skir sa Salamine, dok je za potkormilara uzeo jednog Fajačanina, jer Atinjani u to doba još uopšte nisu obraćali pažnju na more.[*] Jedan od mladića sa broda, Menestej, bio je naime sin Skirove ćerke.

Tome u prilog posvedočava činjenica da je Tesej podigao svetilište herojima Nausitoju i Fajačaninu u Faleronu pored Skirovog hrama, i da se u njihovu čast održavaju svečanosti Kibernesije.[**]

18 Kada se izvlačenje kockom završilo, Tesej povede sve odabrane mladiće i devojke iz Pritaneja i dođe u Delfinij, gde u njihovo ime Apolonu prinese simbol pribegara: to je bila grančica svete masline omotana belom vunom. Pošto je obavio ovaj svečani zavet, on siđe do mora. To je bilo šestog dana meseca munihija, a na taj isti dan još i danas oni šalju devojke u Delfinij da umilostive boga. Priča se i da je od boga u Delfima dobio proročanstvo da treba za vođu da uzme Afroditu i da je zamoli da ga prati na putu, a kad joj je pored mora prinosio na žrtvu

---
[*] tj. na pomorstvo
[**] Kybernesia „praznik kormilara"

kozu, ova se odjednom pretvorila u jarca. Otud se ova boginja i naziva Epitragija.

19 Kada je doplovio na Krit, kako mnogi kazuju i opevaju, on je od Arijadne, koja se u njega zaljubila, uzeo onu nit i, zahvaljujući njenim uputstvima kako treba da se provuče kroz zavoje Lavirinta, ubio Minotaura i otplovio odatle, vodeći sobom Arijadnu i one mladiće i devojke.

Ferekid, s druge strane, kaže i to da je Tesej kritskim lađama izbušio dno sprečavajući tako da ga progone. Demon opet tvrdi da je Minojev general Taur poginuo kad je u luci zametnuo odlučujuću pomorsku bitku sa Tesejem čiji je brod upravo kretao.

Međutim, kako o tome priča Filohor, Minoj je priređivao one igre, pa je Taur izazivao zavist zbog svoje ponovne pobede nad svim protivnicima koju su svi očekivali; njegova je moć, naime, zbog njegovog karaktera bila omražena, a govorkalo se i da je bio suviše prisan sa Pasifajom.

Stoga, kada je Tesej tražio da izađe na megdan sa Taurom, Minoj je to odobrio. Na Kritu je vladao običaj da igrama prisustvuju i žene pa je tu bila i Arijadna, koja je bila zapanjena Tesejevim izgledom, a i zadivila se njegovoj atletskoj borbi kojom je odneo pobedu nad svima. Zadovoljan je bio i Minoj, posebno zato što je Taur u rvanju bio poražen i time veoma ponižen, pa Teseju vrati onu omladinu a grad oprosti danka.

O svemu ovome Klejdem izveštava drukčije i na specifičan način, počinjući negde davno u prošlosti. Tada je, navodno, postojala neka odluka koja je važila za sve Grke, da ni na jednoj trijeri, koja bi isplovila iz bilo koje luke, ne sme biti više od pet ljudi; izuzimajući jedino zapovednika lađe Argo, Jasona, koji je plovio morem čisteći ga od gusara.

Kada je Dajdal brodom pobegao u Atinu, uprkos onim odlukama, Minoj ga je progonio dugim brodovima, ali ga bura zanese do Sicilije i on tu nastrada.

Kada je njegov[*] sin Deukalion, koji je prema Atinjanima bio neprijateljski raspoložen, poručio da zahteva da mu izruče Dajdala, ili će, u slučaju da odbiju, poubijati mladiće koje je Minoj držao kao taoce, njemu, dakle, Tesej odgovori ljubazno, zalažući se za Dajdala kao svog rođaka i člana svoga roda, budući da mu je majka bila Erehtejeva kći Meropa. On sam se, pak, dâ na građenje brodova, jednim delom u atičkoj demi Timajtada, daleko od puteva za strance, a drugim delom, preko Piteja, u Trojzenu, želeći da sve ostane u tajnosti.

Kad su lađe bile gotove, on isplovi vodeći Dajdala i neke kritske izbeglice da mu pokazuju put. Niko o tome ništa nije znao unapred, već se na Kritu verovalo da stižu prijateljske lađe. Tako on zauzme luku, iskrca se i stigne do Knosa neotkriven; započne boj na ulazu u Lavirint i ubije Deukaliona i njegove kopljanike. Kako je tada na vlast došla Arijadna, on s njom sklopi savez, uzme mladiće i devojke i utvrdi prijateljstvo između Atinjana i Krićana, koji se zakleše da ubuduće nikada neće započeti rat.

20 Mnogo je priča o svemu ovome i o Arijadni, ali one međusobno ni u čemu nisu saglasne.

---

[*] Minojev

Dok jedni kažu da se ona obesila zato što je Tesej ostavio, drugi tvrde da su je mornari odveli na ostrvo Naks gde se udala za Dionisovog sveštenika Ojnara, a da je Tesej nju ostavio zbog ljubavi prema nekoj drugoj ženi:

„*Jer strašnom je ljubavlju izgarao prema Ajgli, Panopejevoj kćeri"*.

Hereja iz Megare navodi da je ovaj stih iz Hesiodovih poema uklonio Pejsistrat, kao što je ponovo u Homerovo pevanje o podzemnom svetu ubacio stih

„*Teseja i Pejritoja, slavne sinove božje*"*

da bi ugodio Atinjanima.

Neki opet kažu da je Arijadna sa Tesejem imala dva sina Ojnopiona i Stafila. Među takve autore ide i Ijon sa Hija koje kaže za svoju otadžbinu:

„*Nju je nekad osnovao Tesejev sin Ojnopion*".

Svima su, da tako kažemo, dobro poznate one priče koje su u ovim legendama najprijatnije. Sasvim specifičnu verziju o tim zbivanjima ostavio je Pajon iz Amatunta. On kaže da je Teseja bura bacila na Kipar i da se Arijadna iskrcala tu sama, budući da je bila trudna i loše se osećala, teško podnoseći uzburkano more. On, pak, u pokušaju da spase brod, ponovo je bio bačen na pučinu daleko od obale. Na to su žene s ostrva prihvatile Arijadnu, pobrinuvši se za nju, očajnu zbog rastanka. Donosile su joj izmišljena pisma kao da joj Tesej piše, na-

---

* Homerova *Odiseja* 11, 631.

šle su joj se oko porođaja, pomažući joj u mukama, ali je ona umrla ne podarivši život detetu, pa su je one sahranile.

Kad je Tesej, napokon, stigao, zbog svega je bio jako ojađen, pa je stanovnicima ostrva ostavio novaca s nalogom da se Arijadni prinose žrtve i da se podignu dva mala kipa, jedan srebrni, a drugi bronzani. Kod prinošenja te žrtve, dakle, koja se održava drugog dana meseca gorpiaja, na zemlju polože jednog mladića i on stenje i ponaša se kao žene za vreme porođaja; a Amatunćani onaj gaj gde se može videti njen grob zovu gajem Arijadne Afrodite.

A i neki pisci s ostrva Naksa imaju drukčije priče o tome da su zapravo postojala dva Minoja i dve Arijadne. Jedna od njih je, kažu, bila udata za Dionisa na Naksu i rodila mu decu, Stafila i njegovog brata, dok je onu mlađu ugrabio Tesej; kad je on ostavio, došla je na Naks, u pratnje dadilje po imenu Korkina, čiji se grob može videti. Kažu da je tu umrla i ova Arijadna, ali se njoj iskazuju počasti drukčije nego onoj prvoj, jer svečanosti njoj u čast slave se veselo i zabavno, dok žrtve koje se prinose mlađoj sadrže jadikovanje i žalost.

TESEJ NA OSTRVU DELU

21   Ploveći sa Krita, Tesej se zadrži na ostrvu Delu. Tu prinese bogu[*] žrtvu i posveti Afroditinu statuu koju je dobio od Arijadne, pa on i nje-

---
[*] Apolonu

govi pratioci povedu kolo za koje kažu da se još i danas igra na Delu. Ta igra je podražavala zavoje i krivine Lavirinta određenim ritmičkim promenama i otvaranjima. Ovu vrstu igre stanovnici ostrva Dela, po kazivanju istoričara Dikajarha, nazivaju »ždralom«.

On je igrao ovo kolo oko žrtvenika Keratona, nazvanog tako po rogovima[*] spletenim ujedno, i to rogovima samo s leve strane. Kažu takođe da je na ostrvu Delu ustanovio i takmičenje, a da je tadašnjim pobednicima on, po prvi put, predao palmovu grančicu.

TESEJEV POVRATAK U ATINU I AJGEJEVA SMRT

22 Takođe kažu da je Tesej, kad su doplovili blizu Atike, od radosti potpuno zaboravio, a i njegov kormilar je potpuno zaboravio, da podignu ono jedro, koje je Ajgeja trebalo da obavesti da su se spasli. Ajgej se, u očajanju, surva sa stene i ubije.

Tesej se iskrca na obalu i u Faleronu prinese žrtve na koje se zavetovao bogovima pri polasku odatle, a u grad pošalje glasnika da javi da su se spasli. Ovaj naiđe na mnogo ljudi koji su oplakivali smrt svoga kralja, ali i na druge koji su se, naravno, radovali, želeći da ga od srca pozdrave i da mu glavu okite vencima zbog spasenja. Ovaj, međutim, prihvativši te vence, ovenča njima svoju glasničku palicu. Vrativši se opet na morsku obalu, budući

---

[*] grčki keras „rog"

da Tesej još nije bio prineo žrtve levanice, glasnik pričeka sa strane, ne želeći da ometa prinošenje žrtve.

Kad je obred bio završen, on im saopšti vest da je Ajgej umro. Oni na to, naričući i vičući, pohitaju u grad. Kažu da se po tome i danas, prilikom Oshoforija, vencem kiti ne glasnik već njegova glasnička palica, dok prisutni viču »eleleu, iu iu« za vreme prinošenja žrtve levanice. Ono prvo obično uzvikuju gromko ljudi u žurbi ili dok pevaju pajan, a drugo je izraz zapanjenosti i zbunjenosti.

Sahranivši, dakle, svog oca, Tesej ispuni svoj zavet Apolonu, sedmog dana meseca pijanepsiona, kada su se, spaseni, vratili u grad. A kažu da je do onog kuvanja variva došlo tako što su ti spaseni taoci svu preostalu hranu pomešali zajedno i skuvali je u jednom loncu i za zajedničkim obedom složno je svi pojeli. Pri tom nose i takozvanu *eiresiōnē* – to je maslinova grančica okićena vunom, kao što je u ono vreme bila pribegarska,* na koju su sa svih strana pričvršćeni prvi plodovi u znak prestanka neplodnosti. Pri tom bi pevali:

*„Eiresione nosi smokve i bogate hlebove,
i med u čaši i ulje za mazanje,
i kupu čistog vina od koga se opije i zaspi."*

Neki, međutim, kažu da se sve ovo zbilo u vezi sa Herakleidima koje su Atinjani hranili na ovaj način; ipak, većina kazuje kako sam upravo izneo.

---

* tj. Tesejeva

23 Onaj brod, na kome je Tesej otplovio s onim mladim svetom i srećno se vratio, ratni brod sa trideset vesala, Atinjani su sačuvali sve do vremena Demetrija iz Falerona. Uklanjali su stare daske i ubacivali zdrave, sklapajući jedne uz druge, tako da je ovaj brod postao filosofima primer za sporni logički problem narastanja, jer jedni tvrde da brod pri tom ostaje isti, a drugi da ne ostaje isti.

Oni proslavljaju još uvek i praznik Oshoforija koji je ustanovio Tesej. Jer on nije sobom poveo sve device koje su tada kockom određene, već je dvojicu svojih prijatelja, ženstvenog i nežnog izgleda, ali koji su u duši bili muževni i srčani, toplim kupkama i boravkom u zatvorenim prostorijama, bez sunca, ukrasima i pomadama za kosu, za gladak ten i boju lica, promenio ih sasvim, koliko je to moguće, i naučio ih da u najvećoj meri glasom, likom i hodom postanu slični devojkama tako da se ni u čemu po izgledu ne razlikuju, a potom ih je uključio među druge devojke, tako da je to za sve ostalo tajna. Kad se, pak, vratio s puta, išao je u procesiji s mladićima obučenim onako kako se i danas oblače oni koji nose grane vinove loze. A grane nose u čast Dionisa i Arijadne, u vezi sa mitom o njima, ili, pre, zato što su se Tesej i ostali vratili kući u vreme berbe. Žene dejpnofore* pridružuju se da sudeluju u prinošenju žrtve, predstavljajući tako majke onih talaca odabranih kockom; one su, naime, često dolazile donoseći im hranu i hleb. Takođe se kazuju priče, upravo stoga što su one

---

* tj. one koje nose ručak

majke svojoj deci pričale razne priče da ih osokole i uteše.

Sve je to zapravo napisao istoričar Demon.

Uza sve to, Teseju je posvećen i komad zemljišta, a on naloži da članovi iz kuća koje su davale onaj danak snose troškove za njegovu žrtvu; za prinošenje žrtve trebalo je da se brinu Fitalidi koji su to dobili od Teseja za uzvrat za njihovo gostoprimstvo koje su mu ukazali.

TESEJEVA DRŽAVNIČKA AKTIVNOST

24 A posle Ajgejeve smrti, smislivši veličanstveno i čudesno ostvarenje, on je stanovnike Atike ujedinio u jedan gradski centar i postigao da postanu jedan narod u jednom polisu oni koji su dotle bili raštrkani i koje je bilo teško okupiti u nekoj stvari od opšteg interesa, a ponekad su međusobno bili i u sporu i u ratnom sukobu.

Obilazeci ih, dakle, on je deme i rodove pojedinačno na to nagovarao, pri čemu su običan svet i sirotinja njegov poziv brzo prihvatali. Što se, pak, moćnika tiče, njih je nagovorio tako što im je obećao državno uređenje bez kralja i demokratiju u kojoj će on lično zadržati samo vlast kao vojni zapovednik i čuvar zakona, a svima drugima biće obezbeđena ravnopravnost.

Oni koji su se bojali njegove moći, ionako već velike, i njegove odvažnosti, radije su od svoje volje pristali da se sa svim tim saglase nego da ih on na to prisiljava. On onda u svim demama sruši pritaneje, većnice i upravu, pa jedinstveni pritanej, za sve zajednički, i većnicu podigne tamo gde se sad nalazi gradski centar. Gradu dâ ime Atina i ustanovi prinošenje zajedničke žrtve – Panatenajske svečanosti.

Uveo je i žrtvu Metojkije, šesnaestog dana meseca hekatombajona, koja se još i danas prinosi.

A kako je odbacio kraljevsku vlast, kao što je bio obećao, počeo je da sređuje državno uređenje, počinjući od bogova; iz Delfa je, naime, stiglo proročanstvo kao odgovor na njegovo pitanje u vezi sa polisom koje je bio uputio proročištu:

»*Teseju, Ajgejev sine, porode Pitejeve kćeri,*
mnogim je gradovima moj otac odredio
sudbinsko klupko i konac u okviru vašega
  grada.
Nego ti se nemoj tamo odviše mučiti
domišljajući se: jer ti ćeš, kao mešina,
preploviti more na burnim talasima«.

Pričaju da je i Sibila kasnije kazivala to isto obrativši se gradu vičući:

»*Kao mešina uronićeš u vodu; ali ti nije*
  suđeno da potoneš«.

25 U želji da još više uveća polis, počeo je sve ljude pozivati da se tu nastane i to pod istim uslovima; a proglas glasnika »Dođite svi ovamo narodi« kažu da potiče od Teseja, kad je ustanovio neku vrstu opštenarodne zajednice.* Me-

---

* grčki: pandemia

đutim, nije dopustio da demokratija, usled navale svakojakog mnoštva, ostane bez reda i zbrkana, već je kao prvi načinio razliku između eupatrida, geomora i demijurga.* Eupatridima je kao zaduženje dao da poznaju stvari u vezi sa božanstvima, da obezbeđuju arhonte, da budu učitelji zakona i tumači, kako svetovnih tako i religijskih stvari, a na neki način ih je izjednačio sa drugim građanima, jer je izgledalo da se eupatridi ističu ugledom, seljaci korisnošću a zanatlije svojom mnogobrojnošću.

Da se on prvi priklonio masi naroda kao što tvrdi Aristotel, i ukinuo monarhiju, izgleda da posvedočava i Homer u *Katalogu brodova*, nazivajući jedino Atinjane narodom.**

On je kovao i novac, urezavši na njega lik bika, ili zbog spomena na maratonskog bika, ili na Minojevog generala ili da bi pozvao građane da se bave zemljoradnjom. Kažu da je po tome nastao naziv »koji vredi sto volova«*** i »koji vredi deset volova«.

Obezbedivši da se Atici pripoji i Megarida, postavi na Istmu onu proslavljenu stelu, stavivši na nju kao natpis epigram koji je u dva trimetra određivao granice zemlje. Prvi se odnosio na istok:

»*Ovde više nije Pelopones, već Jonija*«,****

a drugi na zapad:

»*Ovde je Pelopones, ne više Jonija*«.

---

* tj. aristokrata, seljaka, zanatlija
** Homerova *Ilijada*, 5, 547.
*** Drukčije objašnjenje kod Homera, *Ilijada* 21, 79.
**** Atika se tada nazivala Jonija.

I takmičenje je prvi osnovao iz surevnjivosti prema Heraklu, častoljubivo težeći da Heleni slave zbog njega Posejdona u Istamskim igrama kao što u Olimpijskim igrama zbog Herakla slave Zevsa. Naime, takmičenje u spomen Melikerte koje se ranije održavalo na tom istom mestu zbivalo se noću, tako da je pre spadalo u misterijske inicijacije nego u predstave i narodne svetkovine.

A neki govore da su Istamske igre ustanovljene u spomen na Skejrona, zato što je Tesej hteo da se očisti od ovog ubistva, jer je bio u srodstvu sa Skejronom, a Skejron treba da je bio sin Kaneta i Pitejeve kćeri Heniohe. Drugi, opet, to pričaju za Sinida, a ne za Skejrona, i da je igre ustanovio Tesej u spomen na ovoga, a ne na onoga. On je ove igre, u svakom slučaju, osnovao i uredio s Korinćanima da se Atinjanima, koji dođu na Istamske igre, obezbedi onoliko počasnih mesta u gledalištu koliko može da zahvati jedro broda kojim doplovi to poslanstvo ako se raširi po tlu. Tako su zapisali istoričari Helanik i Andron iz Halikarnasa.

TESEJ I AMAZONKE

26 A otplovio je na Crno more, bar kako kažu Filohor i neki drugi, pridruživši se Heraklu u njegovom pohodu protiv Amazonki, i dobivši Antiopu kao počasni dar od ratnoga plena. Međutim, većina autora, među kojima su i Ferekid i Helanilk i Herodor, tvrde da je on tamo

otplovio samostalno, na svojoj lađi, i to posle Herakla, a da je tu Amazonku on zarobio. Ova njihova tvrdnja je verovatnija, jer nijedan drugi autor ne kazuje da je neko od učesnika u Heraklovom pohodu zarobio neku Amazonku. Bion čak tvrdi da su i nju uhvatili tako što su je na prevaru odveli, jer, budući da su Amazonke po prirodi naklonjene ljudima, nisu pobegle pred Tesejem kad je pristao uz njihovu obalu, već su mu čak poslale i darove dobrodošlice; on je devojku koja ih je donela pozvao da se popne na njegov brod, a kad je ona to učinila, on je i poveo preko mora.

S druge strane, neki Menekrat, koji je objavio istoriju grada Nikaje u Bitiniji, kaže da je Tesej proveo neko vreme u tim predelima, držeći uza se na brodu Antiopu. Desilo se, međutim, da su s njim u pohodu učestvovala trojica braće, mladića iz Atine, Eunej i Toant i Soloent, koji se zaljubio u Antiopu krijući to od svih drugih. Poverio se samo jednom svom drugu, koji je opet o svemu obavestio Antiopu. Taj pokušaj je ona energično odbila, ali je celu stvar primila trezveno i blago, ne odavši je Teseju. Kada se Soloent, izgubivši nadu, bacio u neku reku i udavio, Tesej je, saznavši tada za razlog i za bol mladića, to teško primio. Dok je tako tugovao dođu mu na pamet reči jednog Pitijinog proročanstva upućenog nekad njemu; proročanstvom je, naime, njemu u Delfima Pitija naložila da osnuje grad na onom mestu na kome u stranoj zemlji bude najviše žalostan i teško ucveljen, a da vlast u njemu prepusti nekim svojim pratiocima.

Stoga, dakle, grad koji je tu osnovao po bogu nazove Pitopolj, a obližnjoj reci da ime Soloent u spomen onome mladiću. Njegovu braću ostavi da budu upravitelji grada i zakonodavci, a uz njih Herma, eupatrida iz Atine. Po ovome stanovnici Pitopolja jedno mesto zovu Hermovom kućom, nepravilno produžujući drugi slog i prenoseći tako na božanstvo čast u slavu heroja.*

27 To je, dakle, bio povod za rat s Amazonkama, a ovaj, po svemu sudeći, nije bio neki beznačajan poduhvat svojstven ženama. Jer se ne bi one ulogorile u centru grada** ni zametnule boj prsa u prsa u blizini Pniksa i hrama Muza da se nisu, zagospodarivši zemljom, bezbedno primakle samom gradu. Ukoliko, naravno, treba poverovati u poduhvat, koji opisuje istoričar Helanik, da su one obišle naokolo prešavši preko zaleđenog Bospora Kimerijskog. Ali da su se one ulogorile skoro usred grada svedoče još i danas kako nazivi nekih delova grada tako i grobovi poginulih.

Dugo je i jedna i druga strana oklevala i odlagala napad; napokon je Tesej, prinevši prethodno žrtvu Fojbu po nalogu nekog proročanstva, zametnuo s njima boj. Ova se bitka dogodila u mesecu boedromionu i po tome Atinjani sve do dana današnjeg prinose žrtvu boedromiju.

U želji da što tačnije iznese sve pojedinosti događaja, istoričar Klejdem opisuje da se levo krilo Amazonki pružalo prema mestu koje se sad zove Amazonejon, a da su levim stigle do

---
* U genitivu se, u grčkom, ova dva imena razlikuju samo po naglasku: hermoy
** Atine

Hrise u blizini Pniksa. On kaže da su se s ovim krilom borili Atinjani koji su u napad na Amazonke pošli od hrama Muza, a da se grobovi poginulih nalaze na širokom prostoru koji izlazi do kapije, danas poznate pod imenom Pirejska vrata, u blizini heroona posvećenog Halkedontu. Odavde su, po njegovim rečima, Atinjani bili potisnuti sve do svetilišta Eumenida, uzmaknuvši pred ženama. Oni, međutim, koji su navaljivali od Paladija i Ardeta i Likeja, suzbili su njihovo desno krilo sve do samog njihovog logora, pobivši mnogo njih.

Četvrtog meseca, kaže Klejdem, došlo je do mira zahvaljujući Hipolitinom zalaganju; jer ovaj istoričar kaže da se ona Tesejeva žena zove Hipolita, a ne Antiopa.

Neki opet pričaju da je ova žena poginula, boreći se uz Teseja, i da je nju kopljem pogodila Molpadija, a da je u spomen na to postavljena stela pored svetilišta Olimpijske zemlje. A ne treba se čuditi što su tako različite istorijske interpretacije kad su u pitanju tako davna zbivanja, budući da se tvrdi i to da je Antiopa krišom slala ranjene Amazonke na Halkidu gde im je pružana nega i da su neke tamo sahranjene na mestu koje se danas zove Amazonejon. Međutim, bar o tome da je rat završen mirovnim sporazumom svedoči naziv jednog mesta u blizini Tesejeva hrama, koje zovu Horkomosion,* kao i žrtva Amazonkama koja se odavno prinosi u vreme pre Tesejeva praznika. Takođe i Megarani u svojoj zemlji pokazuju mesto gde su sahranjene Amazonke, na

---

* „mesto zakletve"

putu od agore do takozvanog Rusa, gde se nalazi grob u obliku romba. Priča se da su ostale Amazonke izginule kod Hajroneje i da su bile sahranjene uz potok koji se, izgleda, u starini zvao Termodont, a danas mu je ime Hajmon (o čemu piše u Demostenovom životopisu). Po svemu sudeći, Amazonke nisu bez sukoba prošle ni Tesalijom, jer se njihovi grobovi još i danas mogu videti kod Skotusaje i Kinosikefale.

28 To je vredno spomena u vezi s Amazonkama. Ono, međutim, što je autor *Teseide* napisao o njihovom dizanju na borbu pošto se Tesej oženio Fajdrom, a Antiopa i druge Amazonke ga napale da bi se osvetile, posle čega ih je pobio Herakle, to očigledno liči na priču i izmišljotinu. Tek posle Antiopine smrti on se oženio Fajdrom, a s Antiopom je imao sina Hipolita, ili kaiko Pindar kaže, Demofonta. A o njegovim nedaćama u vezi sa Fajdrom i sa tim sinom, s obzirom da se ni u čemu ne razilaze istoričari i tragički pesnici, treba pretpostaviti da se upravo tako zbilo kako su oni svi opisali.

TESEJEVE LJUBAVI I PODVIZI

29 Pri svem tom ima i drugih priča o Tesejevim ženidbama kojima ni početak nije bio častan niti ishod srećan, a koje nisu ni stigle na scenu. Priča se, naime, da je on oteo neku Trojzenjanku Anaksu i da je, ubivši Sinida i Kerkiona, silovao njihove ćerke, i da se, zatim, oženio Ajantovom majkom Peribojom, pa onda Fere-

bojom i Ifiklovom ćerikam Ijopom, a zamera mu se i da je zbog ljubavi prema Panopejevoj ćerci Ajgli (kako je već rečeno), napustio Arijadnu, što nije bilo ni u redu ni pristojno; povrh svega toga, otmica Lepe Jelene Atiku je gurnula u rat, a njega samog dovela do izgnanstva i do smrti o čemu će biti reči malo kasnije.

Od mnogih podviga koje su najbolji junaci toga vremena izvršili, po Herodorovom mišljenju Tesej nije ni u jednom sudelovao, osim jedino uz Lapite u kentauromahiji; a po drugima je bio i sa Jasonom u Kolhidi i pomogao Meleagru da ubije onog vepra. Zbog toga je, kažu, nastala poslovica: »Nikako bez Teseja«, jer je on, bez ičije pomoći, izvršio mnogo izvanrednih podviga, po čemu je zaslužio izreku »Onaj drugi Herakle«.

Pridružio se i Adrastu da mu pomogne da se pokupe i sahrane borci izginuli pod zidovima Kadmeje, i to ne svojom pobedom nad Tebancima u bici, kako Euripid kaže u tragediji, već tako što ih je nagovorio da se sklopi primirje. Tako bar kazuje većina autora; a Filohor čak kaže da je to primirje bilo prvo koje je sklopljeno da bi se pokupili poginuli. A u knjizi[*] o Heraklu piše da je Herakle bio prvi koji je predao neprijatelju njihove poginule borce.

U Eleuteri se i danas mogu videti grobovi običnih vojnika, dok se grobovi njihovih vođa nalaze u Eleusini, i to je bila Tesejeva usluga učinjena Adrastu. Ajshilovi *Eleusinjani*, delo u

---

[*] Plutarhovoj

kome on to sve stavlja upravo Teseju u usta, svedoče suprotno od onoga što kaže Euripid u *Hiketidama*.

PRIJATELJSTVO S PEJRITOJEM I OTMICA LEPE JELENE

30 A do njegovog prijateljstva s Pejritojem kažu da je došlo na sledeći način. On je uživao ogroman ugled zbog svoje snage i hrabrosti; želeći, dakle, da ga iskuša i da se u to neposredno uveri, Pejritoj otera Tesejeva goveda s Maratona; saznavši da ga Tesej goni i da je naoružan, Pejritoj se nije sklonio već se okrenuo i pošao mu u susret.

Kad su njih dvojica ugledali jedan drugog, toliko su se obojica zadivili lepoti i začudili smelosti onoga drugoga, da su se uzdržali od borbe, pa je Pejritoj prvi pružio desnicu i zatražio od Teseja da mu presudi za otmicu goveda, a on će drage volje podneti kaznu koju ovaj odredi. Na to Tesej ne samo što ga je oslobodio svake kazne, već ga je pozvao da mu bude prijatelj i saborac; tako su se i zakleli da će biti prijatelji.

Potom, ženeći se Dejdamejom*, Pejritoj je pozvao Teseja da dođe da poseti njegovu zemlju i da se upozna s Lapitima. Na gozbu je, međutim, pozvao i kentaure. Ovi su postali drski i osilili se, pa su, pijani, napali čak i žene, u čiju su odbranu odmah ustali Lapiti. Neke kentaure su pobili, a druge su u boju savladali

---

* Ova žena se obično naziva Hipodameja.

i prognali iz svoje zemlje, a Tesej im je odmah pomogao i kod odbrane i kasnije, u onom boju.

Herodor, doduše, tvrdi da se sve nije tako dogodilo, već da se uveliko ratovalo kad je Tesej Lapitima pritekao u pomoć i da je tada prvi put video Herakla, postigavši da ga sretne kod Trahina gde je Herakle bio posle sveg lutanja i podviga. Kaže, da je ovaj susret protekao u uzajamnim pohvalama, uz izraze počasti i ljubaznosti.

Ipak će biti da treba više pažnje pokloniti onim piscima koji kazuju da su se njih dvojica često sretala i da se Tesej pobrinuo za Heraklovo posvećenje u misterije* i za njegovo očišćenje pre posvećenja, jer mu je to bilo neophodno zbog nekih njegovih nehotičnih postupaka.

31 Kad mu je već bilo pedeset godina, kako kaže Helanik, Tesej je učinio sve ono u vezi sa Lepom Jelenom, sasvim u nevreme**. Otud bar neki pojedinci, ne bi li ispravili taj zločin, najveći od svih koje je počinio, kažu da Lepu Jelenu nije ugrabio on lično, već da su je njeni otmičari Ida i Linkej predali njemu da je čuva, a da je on nije predao Dioskurima kad su je tražili; ili mu je nju, tako mi Zevsa, navodno dao Tindarej,*** uplašivši se od Hipokoontovog sina Enarsfora koji je hteo silom da je uzme iako je ona još bila dete.

Po svoj prilici je verovatno ovo, za šta ima i najviše svedoka.

---

* eleusinske
** Jelena je tada imala sedam godina
*** otac Lepe Jelene

Oni su obojica otišli u Spartu i, ugrabivši devojčicu dok je igrala u hramu Artemide Ortije, pobegli. Potera poslana za njima nije ih gonila dalje od Tegeje, a oni se, kad su se našli izvan opasnosti i prešli Pelopones, nagode da se Lepom Jelenom oženi onaj koji je izvuče na kocki, a da on pomogne svome prijatelju da se oženi nekom drugom ženom.

Posle takvog sporazuma izvlačili su kocku i devojku dobije Tesej; ali kako ona još nije bila u dobi za udaju, on je preuzme i odvede u Atinu, gde je ostavi u društvu svoje majke, poverivši ih obe svome prijatelju Afidnu s nalogom da ih čuva i skriva od drugih. A on, vraćajući Pejritoju uslugu, otputuje s njim u Epir po ćerku moloskog kralja Ajdoneja. Ovaj je svojoj ženi dao ime Persefona, ćerci Kora, a psu Kerber, zapovedivši da se prosci njegove kćeri bore sa njim do kraja, a da je za ženu dobije onaj koji pobedi. Međutim, saznao je da Pejritoj i njegov drug nisu došli kao prosci već da bi ugrabili devojku; on ih uhvati obojicu, pa smesta Pejritoja da psu da ga rastrgne, a Teseja zadrži zatvorenog.

MENESTEJ OPTUŽUJE TESEJA

32 U međuvremenu je Menestej, Petejev sin (a ovaj je bio sin Erehtejevog sina Orneja), nametnuvši se ljudima, po kazivanju kao prvi, demagogijom, obraćajući se mnoštvu ulagivanjem, okupljajući i podbadajući moćnike, koji su se odavno ljutili na Teseja, smatrajući da je

on svakom eupatridu oduzeo vlast i kraljevstvo u njihovim demama, sabivši ih sve u jedan grad, i da ih koristi kao podanike i robove, podbunio je narod klevećući da oni samo gledaju san slobode, ali da su u stvari lišeni svoje otadžbine i svetinja i da se, umesto mnogih dobrih i pravih kraljeva, oni dive jednom gospodaru, došljaku i strancu.

Dok je on, dakle, tako rovario, veliki je značaj za prevagu prevrata dodao rat zbog dolaska Tindarida*; neki čak, tvrde da su oni i došli na njegov nagovor.

Oni u početku nisu nanosili nikakvo zlo već su jedino tražili da im se vrati sestra. Međutim, kada su od građana dobili odgovor da nije kod njih niti da imaju pojma gde se ona može nalaziti, oni započnu rat. Saznavši na neki način da se ona krije u Afidni, Akadem njima sada to otkrije. Zbog toga su Tindaridi njemu za života odavali počasti, a kada su kasnije Lakedajmonjani često napadali Atiku pustošeći celu zemlju, uvek bi, zbog spomena na Akadema, poštedeli Akademiju. Dikajarh, međutim, tvrdi da su sa Tindaridima tada u rat zajedno pošli i Ehedem i Marat iz Arkadije. Po jednom od njih je dat naziv Ehedemija, koja se sad zove Akademija, a po drugom je nazvana dema Maraton; on je, u skladu s nekim proročanstvom, dobrovoljno prinet na žrtvu pred vojskom spremnom za bitku.

Došavši, zatim, do Afidne i pobedivši u borbi, oni osvoje to mesto. Kažu da je tu poginuo i Skejronov sin Aliko, koji je tada bio u

---
* braća Lepe Jelene

vojsci Dioskurida, a po njemu, budući da je tamo bio sahranjen, i jedno mesto u Megaridi je dobilo ime Haliko. Hereja, pak, izveštava da je njega ubio kod Afidne lično Tesej, a kao svedočanstvo za to navodi stihove o Haliku:

„*U širokof nekad Afidni
ubio ga je Tesej
dok su se radi lepokose Jelene borili.*"

Ipak nije verovatno da bi u Tesejevom prisustvu i njegova majka i Afidna bile osvojene.

33 Kada je, dakle Afidna bila zauzeta, a građani prestrašeni, Menestej ubedi narod da u gradu dočekaju i prijateljski pozdrave Tindaride, s obzirom da su oni samo vodili rat protiv Teseja koji je prvi učinio nasilje, dok su u odnosu na druge ljude oni bili dobročiniitelji i spasioci. Njemu u prilog su govorile i prilike kod njih: jer, zavladavši celim gradom, Tindaridi ništa drugo nisu zahtevali nego da budu posvećeni u misterije, budući da nisu manje pripadali gradu nego što je bio slučaj sa Heraklom. To im je onda i dopušteno, pošto ih je Afidno usinio, kao Pilije Herakla; uživali su počasti iste kao što se iskazuju bogovima a ljudi su im se obraćali kao Gospodarima, bilo zbog primirja koje su zaključili, bilo zbog njihove brige i nastojanja da se nikom ne nanese zlo i pored tolike vojske usred grada: naime, za one koji se brinu za nešto ili to čuvaju kaže se da to rade pažljivo; a možda se i kraljevi zbog toga nazivaju gospodari. Neki opet kažu da se oni nazivaju *Anakes* zbog pojave njihovih zvezda jer se ono što je gore u Atici kaže *anekas*, a ono što dolazi od gore *anekathen*.

SUDBINA TESEJEVE MAJKE

34 Kažu da je Tesejeva majka Ajtra, kad je dopala zarobljeništva, odvedena u Lakedajmon a odatle u Troju sa Lepom Jelenom; to posvedočava Homer kad kaže da su Jelenine pratilje bile

"*Pitejeva kći Ajtra i volooka Klimena*".*

Neki odbacuju ovaj stih kao sumnjiv, isto kao i legendu o Munihu koji je potekao iz tajne veze Demofonta i Laodike, a navodno je u njegovom odgoju u Iliju učestvovala i Ajtra. U trinaestoj knjizi svoje *Istorije Atike*, Istro donosi neku čudnu i sasvim drukčiju priču o Ajtri. On prenosi verzije nekih autora prema kojima su Aleksandra Parida (u Tesaliji) pobedili Ahilej i Patrokle na obali reke Sperheja, a da je Hektor, zauzevši Trojzen, orobio grad i odveo Ajtru, koja je tamo bila ostavljena. U ovoj priči, međutim, ima mnogo nelogičnosti.

TESEJEV KRAJ I KULT

35 Kad je Herakle bio gost kod moloskog kralja Ajdoneja, ovaj mu, uzgred, ispriča sve o Teseju i Pejritoju – s kakvim su namerama došli i šta su doživeli kad su otkriveni. Herakle je teško podneo to što je jedan već sramno nastradao, a drugoga je to još čekalo.

Mislio je da kriveći kralja za Pejritoja više ništa ne može da učini, tako da je od njega za-

---
* Homerova *Ilijada* 3, 144

tražio da mu da Teseja, smatrajući to kao uslugu učinjenu njemu lično. S obzirom da je Ajdonej pristao, Tesej je bio oslobođen i vratio se u Atiku, gde još uvek nisu bili savladani svi njegovi prijatelji. Sva ona sveta mesta koja je ranije dobio od grada posvetio je sada Heraklu i nazvao ih po Heraklovom imenu umesto Tesejevom, osim četiri, kako kazuje Filohor.

Odmah zatim je hteo da, kao ranije, preuzme vlast i vodi državne poslove, ali je upao u građanske razmirice i nemire. One koji su ga mrzeli kad ih je ostavio sad je otkrio da ga i dalje mrze, ali da ga se ne boje, a što se naroda tiče, video je da je teško iskvaren i da traži da mu se laska umesto tihog ispunjavanja zapovesti. Pribegavši potom sili, bio je istisnut pomoću demagoga i savladan stranačkim spletkama; pa je, napokon, očajan zbog takvih prilika, svoju decu poslao tajno na Euboju kod Halkodontovog sina Elefenora. Sam na Gargetu baci prokletstvo na Atinjane, na mestu koje se i danas zove Araterion,[*] zatim otplovi na Skir, sa čijim je žiteljima mislio da ga veže prijateljstvo, a na ostrvu je bilo i nekih poseda njegovog oca.

Skirom je tada vladao kralj Likomed. Njemu, dakle, dođe Tesej sa zahtevom da preuzme svoja imanja da bi se tamo nastanio; neki, opet, tvrde da ga je Tesej pozvao da mu pomogne protiv Atinjana.

Ali ga Likomed, ili bojeći se slave ovakvog čoveka ili da bi se dodvorio Menesteju, povede na visoke delove ostrva da mu, navodno, odande pokaže njegova polja, i gurne ga niz

---

[*] grčki ara „kletva"

stene i ubije. Neki tvrde i da je Tesej sam pao i ubio se, kada je, kao obično, pošao u šetnju posle večere.

U tom trenutku se niko uopšte nije obazirao što je on umro: u Atini je kralj bio Menestej, a Tesejevi sinovi su, kao obični građani, živeli kod Elefenora s kojim su zajedno pošli u vojni pohod na Ilij. Budući da je Menestej tamo umro, oni se vrate[*] i preuzmu kraljevsku vlast.

Mnogo godina kasnije Atinjani su iz raznih razloga počeli Teseja poštovati kao heroja;[**] kažu da se mnogima na Maratonu u borbi protiv Međana činilo da vide Tesejevu utvaru kako ih, pod oružjem, predvodi u boj protiv varvara.

36 A posle ratova s Međanima, u vreme arhonta Fajdona, Pitija je Atinjanima u odgovor na njihov zahtev, prorekla i zapovedila da Tesejeve kosti prenesu kući, da ih svečano sahrane i čuvaju.

Međutim, bilo je teško da se to učini, čak i da se sazna gde je tačno grob, jer su tadašnji žitelji Skira, Dolopi, bili nepoverljivi i nepristupačni. Ipak je Kimon, zauzevši ostrvo (kao što piše u knjizi o njegovom životu) silno želeo da pronađe ovo mesto. Spazivši jednog orla kako kljuca kljunom po nekom brdašcu i grebe kandžama, uz pomoć božanskog nadahnuća odlučio je da se tu kopa. Nađen je grob čoveka koji je bio ogromnog rasta, a pored njega je bilo položeno bronzano koplje i mač.

---
[*] u Atinu
[**] tj. poluboga

Kad je Kimon ove ostatke doneo na svojoj trijeri, Atinjani se veoma obraduju i dočekaju ih sa sjajnim procesijama i žrtvama kao da se Tesej lično vratio u grad. Sada leži sahranjen u centru grada nedaleko od sadašnjeg vežbališta; to je pribežište robovima i svim sirotanima i onima koji se boje moćnika, zato što je Tesej bio zaštitnik sirotana i pružao im pomoć, ljudski slušajući njihove molbe.

A najveću žrtvu mu prinose osmog dana meseca pijanepsiona, na onaj dan kad su se on i oni mladi ljudi vratili sa Krita. Međutim, i svakog osmog u mesecu izražavaju mu se počasti, ili stoga što je on prvi put iz Trojzena došao osmog dana meseca hekatombajona, kako kazuje istoričar Diodor Perieget, ili zato što smatraju da mu od svakog drugog broja odgovara upravo taj zato što kažu da je bio Posejdonov sin; i Posejdonu se, naime, počast odaje svakog osmog dana u mesecu. Broj osam je u stvari prvi kub parnog broja i dvostruki broj prvog kvadrata, prikladno izražava stalnost i nepomičnost koja je u prirodi ovoga boga, koga zovemo Asfalije* i Gajeoh**.

---

* stalni, pouzdani
** koji drži zemlju

ROMUL

RAZLIČITI PODACI O IMENU GRADA RIMA I O ROMULOVOM POREKLU

1. Autori nisu saglasni kako je i zašto grad Rim* dobio to svoje veliko ime, koje se slavom pročulo među svim ljudima.

   Tako, dok jedni autori kažu da su Pelazgi, pošto su prethodno prošli veći deo nastanjenog sveta i pobedili većinu stanovništva, tamo se nastanili i gradu dali ime po snazi svoga oružja, dotle drugi misle da su neki Trojanci, kada je Troja osvojena, uspeli da se spasu i da se domognu brodova, pa su, nošeni vetrovima, stigli do Tirenije i tu se ukotvili nedaleko od ušća reke Tibar. Njihovim ženama, međutim, već izmoždenim od puta i jako neraspoloženim prema moru, jedna među njima, po svemu sudeći i rodom i pameću najbolja, po imenu Roma, predloži da spale sve brodove.

   Kad su to, dakle, i uradile, njihovi se muževi prvo strašno naljute, da bi se zatim, nagnani nuždom, utaborili oko Palantija. Za kratko vreme su, ipak, prošli bolje nego što su se nadali, jer se pokazalo da je zemlja plodna i da ih domaće stanovništvo dobro prihvata. Između ostalih počasti iskazanih Romi, po njoj su i gradu dali ime, jer je ona i bila razlog njegovog osnivanja.

---

* Na grčkom *Rōmē*, na latinskom *Roma*.

Kažu da je otud ostao i običaj da njihove žene ljube u usta muškarca iz svoje porodice i rođake, budući da su one koje su spalile brodove tako pazile i mazile svoje muževe, ne bi li ih umilostivile i ublažile njihov gnev.

2. Neki opet kažu da je grad nazvan po Romi, koja je bila kći Italova i Leukarijina, a, prema nekim mišljenjima, kći Heraklova sina Telefa i žena Ajnejina. Neki, dalje, smatraju da je grad osnovao neki Roman, Odisejev i Kirkin sin, ili Emationov sin Rom, koga je iz Troje poslao Diomed, ili, opet, latinski tiranin Romis isteravši odatle Tirence, koji su iz Tesalije došli u Lidiju, a iz Lidije u Italiju.

Ali nisu saglasni u pogledu Romulova porekla čak ni oni koji, po svemu sudeći, najopravdanije njega smatraju eponimom grada. Po jednima, on je bio sin Ajneje i Forbantove kćeri Deksiteje i kao novorođenče je odveden u Italiju zajedno sa bratom Remom. Budući da je reka, zbog velike vode, potopila sve ostale lađe, a ona u kojoj su bili dečaci pristala je mirno uz neku pitomu obalu i oni su se tako neočekivano spasli, mesto je nazvano Romom.

Drugi, opet, misle da je Romula rodila kći one iste Trojanke, Roma, koja je bila udata za Telemahova sina Latina, a neki da je to bila Ajmilija, kći Ajneje i Lavinije, koja je zatrudnela od Aresa. A neki njegovo rođenje objašnjavaju potpunim izmišljotinama. Naime, u Albi, u kući kralja Tarhetija, inače veoma okrutnog zlikovca, javljala se nekakva demonska prikaza: iz ognjišta bi se izdigao falos i zadržao bi se tako danima. U Tireniji je postojalo Tetijino proročište, odakle je Tarhetije dobio proročanstvo da s ovom prikazom spoji jednu devicu, jer će ona roditi veoma slavnog sina koji će se isticati junaštvom, srećom i snagom. Tarhetije, dakle, saopšti ovo proročanstvo jednoj od svojih kćeri i naredi joj da se spoji sa tim falosom. Njoj je to izgledalo nedolično, pa pošalje svoju sluškinju. Ali kad je to saznao Tarhetije, razjari se toliko da je ščepao obe da ih ubije. Međutim, u snu mu se pojavila Hestija* i zabranila mu da izvrši to ubistvo. On onda devojkama naredi da u zatvoru tkaju neko platno, a kad ga izatkaju, dopustiće im da se udaju. Tako su one danju tkale, a druge su noću po Tarhetijevom naređenju parale izatkano. Kad je sluškinja rodila blizance iz veze sa falosom, Tarhetije ih da nekom Teratiju zapovedivši da ih ubije. Ovaj ih odnese i ostavi na obali reke, a neka vučica počne redovno dolaziti da ih podoji, dok su razne ptice skupljale mrvice i davale ih u usta odojčadi sve dok ih jednog dana nije spazio jedan pastir: začuđen, usudio se da im se približi i da ponese decu. Tako su se ona spasla, a kad su poodrasla, napala su Tarhetija i pobedila ga. Bar je tako ispričao neki Promation u svojoj *Istoriji Italije*.

ROĐENJE BLIZANACA

3. Što se tiče najverovatnijeg predanja, posvedočenog u najvećem broju izvora, to je kod Helena u glavnim crtama prvi objavio Diokle s

---

* Boginja Vesta; zadržana su neka grčka imena bogova, kako ih navodi Plutarh: Zevs za Jupitera, Ares za Marsa; Hefajst za Vulkana.

ostrva Pepareta, a u istom smislu je pisao uglavnom i Fabije Piktor.

Međutim, u ovome su postojale određene razlike, koje se ukratko svode na sledeće.

Kraljeve u Albi koji su poticali od Ajneje jednom su nasledila dva brata, Numitor i Amulije. Amulije je sve podelio na dva dela, stavivši s jedne strane kraljevsku vlast, a s druge bogatstvo i zlato doneto iz Troje: Numitor izabere kraljevsku vlast. Amulije je tako postao veoma bogat i na osnovu toga moćniji od Numitora, pa je kraljevsku vlast rado prepustio Numitoru. Bojeći se da njegova[*] kći ne dobije decu, on je učini Vestinom sveštenicom, ne bi li ceo život provela neudata i kao devica. Kažu da joj je ime bilo Ilija, neki Rea, a neki opet Silvija. Međutim, uskoro izađe na videlo da je ona trudna, i to protivno zakonu koji je važio za vestalke. Njen bi položaj bio nepopravljiv da kraljeva kći Anto nije molbama umilostivila oca.[**] On je zatvori da vodi život bez dodira sa drugima, kako se ne bi mogla poroditi bez znanja Amulija.

Ona rodi dva dečaka jako krupna i izvanredne lepote. Zbog toga se Amulije još više uplaši, pa zapovedi sluzi da ih uzme i baci. Neki kažu da se on zvao Faustul, a neki da se tako zvao onaj čovek što je decu prihvatio, a ne ovaj.

Stavi, dakle, on novorođenčad u korpu i siđe na reku da ih baci. Ali vidi da je reka strašno nabujala i divlja, pa se ne usudi da joj pri-

---

[*] Numitorova
[**] Amulija

đe, već spusti korpu na obalu i tu je ostavi. Kako je reka i dalje nadolazila, bujica dohvati korpu i podigne je, pa je blago prenese do nekog dosta pristupačnog mesta, koje sada zovu Kermal, a nekad se zvalo German, po svoj prilici zato što oni[*] rođenu braću zovu isto tako (lat. *germani*).

4. Nedaleko odatle rasla je divlja smokva koju su zvali Ruminal, ili po Romulu kako se većinom misli, ili po preživanju[**] životinja koje bi se tamo sklanjale u senku da provedu dan, a možda najpre po podoju novorođenčadi, jer su stari dojku zvali *ruma*, a neku boginju koja se, izgleda, brine za hranjenje dece, zovu i dan danas Rumina, kojoj se na žrtvu ne prinosi vino, već se žrtve polivaju mlekom.

Pričaju, dakle, da su deca tako ležala, a da je vučica dolazila da ih nahrani mlekom, dok je jedna žuna pri hranjenju pomagala i čuvala decu. Smatra se da su ove životinje posvećene Aresu, a žuna posebno kod Latina uživa izuzetno poštovanje. Otuda i onakvo poverenje iskazivano majci ove dece kad je tvrdila da ih je začela sa Marsom.

Neki opet tvrde da je ona stekla takvo uverenje prevarivši se, zato što joj se Amulije pokazao u punom naoružanju kad je ščepao kao devicu i silovao je.

Drugi smatraju da je ime dojilje svojom dvosmislenošću, okolišno, priču učinilo mitološkom. Latini su, naime, vučicama (*lupae*) nazivali i ženke životinja i hetere među ženama, a takva kažu da je bila ona žena Faustulo-

---
[*] Rimljani
[**] Latinski: *ruminare*

va koja je dojila onu novorođenčad, po imenu Aka Larentija. Njoj Rimljani i danas žrtvuju, a u mesecu aprilu Marsov sveštenik prinosi joj žrtvu levanicu; taj praznik nazivaju Larentija.

DIGRESIJA O KULTU DRUGE LARENTIJE

5. A oni poštuju još jednu Larentiju, i to iz ovih razloga. Čuvar Heraklova hrama, dokon i besposlen izgleda, predloži bogu da odigraju partiju s kockama pod ovim uslovima: ako on pobedi, dobiće od boga kakvu milost, a ako izgubi, priredić bogu obilatu večeru i ženu lepoticu da s njim provede noć. Pogodivši se, dakle, s bogom u svemu tome, baci prvo kocke u korist boga, pa zatim za samog sebe i pokaže se da je on izgubio. U želji da se drži pogodbe i smatrajući da je pravo da ispuni uslove dogovora, on pripremi bogu večeru i iznajmi Larentiju, lepoticu, ali još bez ugleda, ugosti je i u hramu prostre postelju, pa je posle obeda tamo zatvori kako bi bog mogao da joj priđe.

I stvarno, priča se da je bog posetio ovu ženu i da joj je zapovedio da se u zoru uputi na forum, pa da se s prvim koga sretne ljubazno pozdravi i sprijatelji. Dakle, ona najpre naiđe na jednog čoveka iz grada, podmaklih godina i dobrog imovnog stanja, ali koji je bio bez dece i neženja celog života; ime mu je bilo Tarutije. On se zbliži s ovom Larentijom i zavoli je, a na samrti je učini naslednicom više velikih imanja, koje ona opet najvećim delom zavešta narodu.

Priča se da je ona, postavši ubrzo slavna, jer se smatralo da je bog voleo, iščezla upravo na mestu gde je bila sahranjena ona prva Larentija. A to se mesto sada zove Velabrum, jer se, zbog čestih rečnih poplava, na tom mestu moralo prevoziti čamcima na putu za forum; a za prevoz oni kažu *velatura*.

Neki pričaju i da su put koji od foruma vodi do Cirka prekrivali platnom organizatori igara (u Cirku), i to upravo počinjući na ovom mestu: a platno se na latinskom kaže *velum*. Sa tih razloga Rimljani poštuju tu drugu Larentiju.

DETINJSTVO ROMULA I REMA

6. Novorođenčad, dakle, uzme Amulijev svinjar Faustul krišom od sviju. Neki, međutim, tvrde, i to po svoj prilici s pravom, da je za to znao Numitor i da je tajno hraniocima pomagao sredstvima za izdržavanje. Priča se i da su dečaci odvedeni u Gabij da nauče da čitaju i pišu i sve drugo što priliči deci uglednog porekla. Kažu i da su dobili ime Romul i Rem po sisi (*ruma*), budući da su viđeni kako ih doji ona životinja. U svakom slučaju, još od najranijeg detinjstva, odmah je bila uočljiva urođena plemenitost njihovog izgleda, po stasu i lepoti. Kako su braća rasla, obojica su postajali srčani i muževni, pokazujući u opasnim situacijama samopouzdanje i, rečju, smelost i neustrašivost. Pri tom je izgledalo da Romul vi-

še razmišlja i da ima više smisla za javne poslove; u kontaktima sa susedima u vezi sa pašom i lovom jasno je stavljao do znanja da je po prirodi njemu više svojstveno da zapoveda a ne da sluša. Stoga su bili omiljeni među onima koji su im bili ravni ili skromnijeg položaja, a sami nimalo nisu držali do nadzornika i kraljevih zapovednika i glavnih pastira, smatrajući da ni u čemu oni nisu bolji od njih, i nisu se brinuli ni zbog njihove pretnje ni zbog njihove srdžbe. Živeli su, dakle, slobodno, i tako se ponašali, ne smatrajući da besposlica i lenjost znače veću slobodu, već vežbe i lov na životinje i trčanje, zatim odbrana od razbojnika i hvatanje lopova i spasavanje nedužnih od nasilja. Po tome su se pročuli.

SUKOB BRAĆE S KRALJEVIMA I AMULIJEVA SMRT

7. Jednom je došlo do kavge između Numitorovih i Amulijevih govedara, kojima su oterali neka goveda; ovi nisu mogli da otrpe, pa ih zajedno napadnu i nagnaju u bekstvo, a sebi prigrabe ogroman plen. Numitor se zbog toga jako razljutio, ali oni nisu na to obraćali pažnju, već okupe i prime u svoje redove veliki broj beskućnika i veliki broj robova, podstičući ih na odmetničku drskost i oholost. Jednom, dok je Romul prinosio neku žrtvu (a on je veoma voleo prinošenje žrtvi i proricanje), Numitorovi pastiri naiđu na Rema uz koga je išla mala pratnja i napadnu ga. Obe strane zadaju dosta

udaraca i nanesu dosta rana, ali ipak nadvladaju Numitorovi ljudi i Rema uhvate živog. Odvedu ga zatim Numitoru i optuže pred njim, ali ga ovaj ne kazni iz straha od svog brata koji je bio čovek nezgodan, već pođe do njega s molbom da on izrekne kaznu, s obzirom da mu je brat i da su se o njega ogrešile upravo sluge čiji je on kralj. Ljudi u Albi se takođe veoma rasrde, smatrajući da je čovek njegovog ugleda ljuto oštećen, pa i Amulije, dirnut, preda Rema Numitoru da postupi s njim po svojoj volji.

Ovaj ga, dakle, opet preuzme, a kad se vrate kući zadivi se mladićevom izgledu, jer je on i visinom i snagom daleko sve nadmašivao, i zapazi srčanost njegovog izraza i duševnu neustrašivost, na koje nije uticala tako opasna situacija. Čuje, dalje, da i njegovi postupci i ponašanje odgovaraju ovom spoljnom utisku.

Ali izgleda da je kralj, u najvećoj meri zahvaljujući prisustvu boga koji podstiče na velika dela, iz slučajnog predosećanja došao do istine, raspitujući se ko je on i kakvog porekla, dajući mu veru i nadu blagim glasom i prijateljskim pogledom.

A ovaj mu odvažno reče: „Baš ti ništa neću sakriti, jer mi se ti činiš kao veći kralj od Amulija. Slušaš, naime, i prosuđuješ pre nego što izrekneš kaznu, a onaj ih predaje bez suđenja.

Ranije smo smatrali da smo sinovi – jer mi smo blizanci – kraljevih slugu Faustula i Larentije. Međutim, nalazeći se sada pred tobom, optuženi i oklevetani i u životnoj opasnosti, čujemo o sebi krupne stvari. Da li su pouzdane, izgleda da će o tome odlučiti ova sadašnja opasnost.

Priča se, naime, da nam je rođenje obavijeno tajnom, a hrana i odgoj još neobičniji za novorođenčad, jer bačeni pticama i zverima, od njih smo i hranjeni, sisom vučice i iz kljuna žune, ležeći u nekakvoj korpi kraj velike reke. Postoji i sada ta korpa, očuvana, sa bronzanim dugama uokolo, s nekim nečitkim urezanim slovima, što će kasnije možda biti nepotrebni znaci prepoznavanja za naše roditelje, ako mi nastradamo."

A Numitor, na osnovu ovih reči i po izgledu mladićevom procenjujući proteklo vreme nije se oteo nadi koja ga je obasjala, već se počeo brinuti kako da se krišom sastane sa svojom ćerkom ne bi li joj sve ispričao, jer je ona još uvek bila strogo čuvana.

Za to vreme je Faustul saznao da je Rem uhvaćen i izručen Numitoru, pa je počeo moliti Romula da mu pomogne i tom prilikom mu sve potanko ispriča o njegovom rođenju, jer je ranije samo nagoveštavao i otkrivao im samo toliko da, slušajući pažljivo, ne postanu ponizni.

A on sam (tj. Faustul) na to zgrabi korpu i pojuri Numitoru, pun straha, zbog ozbiljnosti trenutka. Ali time izazove sumnju kraljevskih stražara na gradskoj kapiji, i pod njihovim podozrivim pogledima, uznemiren njihovim ispitivanjem, nije uspeo da sakrije korpu koju je zamotao hlamidom.

Međutim, slučajno je među njima bio upravo jedan od onih ljudi kojima su deca data da ih bace i koji je bio prisutan kad su deca ostavljena.

Videvši, dakle, sada ovu korpu i prepoznavši je po izradi i po slovima, prozre on istinu i, ne časeći časa, saopšti to kralju privodeći (Faustula) radi istrage. A ovaj, našavši se u silnoj nevolji, do samog kraja nije baš mogao da izađe neporažen, ali nije ipak bio ni potpuno prestrašen, pa prizna da su se deca, doduše, spasla, ali su, kako reče, napasala stada daleko od Albe. Što se njega tiče, ovu korpu pošao je da odnese Iliji, koja je više puta želela da je vidi i dotakne, nadajući se tako pouzdanije svojoj deci.

Dakle, ono što obično doživljavaju uznemireni ljudi, koji postupaju u nekim prilikama usled straha ili gneva, upravo je to snašlo i Amulija. Pošalje on, naime, hitno čoveka, inače sasvim čestitog i prijatelja s Numitorom, sa zapovešću da Numitora ispita nije li do njega došao kakav glas o tome da su deca preživela. Dođe, dakle, taj čovek i ugleda ih upravo u trenutku kad je Numitor hteo da zagrli i izljubi Rema. On ih još više uveri u njihovoj nadi, opomenuvši ih da brzo nešto preduzimaju; i sam im priđe, i počne s njima sarađivati.

Trenutak, međutim, nije dopuštao da se okleva, čak i da su hteli. Jer Romul je već bio blizu, a nije malo građana, iz mržnje i iz straha od Amulija, izašlo da mu se pridruži. A on sam je opet vodio veliku vojnu silu, podeljenu na stotine, a svakoj (takvoj četi) na čelu je bio čovek koji je nosio naramak trave i granja privezan na vrh koplja. Latini ih zovu manipulama, a po tome i danas takve u vojsci nazivaju manipularima.

Rem je onda istovremeno podbunio one unutra, a Romul se primakao onima spolja, tako da onaj tiranin (Amulije), u škripcu i uzrujanju, niti je šta preduzeo ni dovio se kako da se spase, pa je uhvaćen i ubijen.

Većinu ovih detalja kazuje Fabije (Piktor) i Diokle sa Pepareta, koji je, kako izgleda, prvi objavio (knjigu) o osnivanju Rima.

Ovako dramatsko i romaneskno izlaganje, međutim, nekima je bilo sumnjivo. Ipak, ne treba da uskratimo poverenje ako vidimo kakvih je sve dela demijurg sudbina i kad razmislimo o rimskoj državi, koja ne bi stigla do takve moći, da se od početka nije umešala božanska sila i da nije imala nešto veliko i čudno.

PREDAJA VLASTI NUMITORU I OSNIVANJE RIMA

9. Posle Amulijeve smrti i sređivanja stanja, oni nisu hteli da žive u Albi nemajući vlast, a nisu hteli ni da uzmu vlast za života svoga dede po majci. Stoga oni njemu vrate opet vrhovnu vlast, a svojoj majci iskažu dužne počasti i odluče da žive posebno, osnivajući grad na onom mestu gde su se u početku života hranili.

To je bar prividno najprikladniji od ovih izgovora. Uostalom, možda su tako i morali da učine, jer se oko njih okupilo mnogo slugu i odmetnika, pa je trebalo ili izgubiti svu svoju moć ako se oni raziđu, ili se negde s njima posebno smestiti. Da zapravo stanovnici Albe nisu smatrali da je u redu da se pomešaju s odmetnicima, a ni da ih prime kao građane, pokazao je najpre onaj događaj u vezi sa ženama, na šta se nisu drznuli iz obesti, već iz nužde, zbog nedostatka devojaka koje su pristajale na udaju. Posle izvršene otmice, oni su, naime, tim ženama iskazivali zaista ogromno uvažavanje.

Zatim i ovo: čim su postavljeni prvi temelji grada, oni su podigli jedno svetilište, kao pribežište za odmetnike i nazvali ga po bogu Asilu. U njega su sve prihvatali, ne izručujući ni roba gospodarima ni siromaha poveriocima ni ubicu vlastima, i to obrazlažući tvrdnjom da pribežište pružaju svakome u skladu s proročanstvom dobijenim od Pitije*. I tako se u gradu brzo namnožilo stanovništvo, jer je, kažu, u početku bilo najviše hiljadu ognjišta. Ali o tome kasnije.

Ali je među braćom, koja su odlučila da svi zajedno borave u jednom gradu, odmah došlo do nesloge oko lokacije grada. Dok je Romul osnovao takozvanu *Roma quadrata***, što znači: četvrtasta, i hteo na tom mestu da podigne grad, Rem se opet odlučio za neko bezbedno mesto na Aventinu, koje je po njemu nazvano Remorion, a danas se zove Rignarion. Napokon se dogovore da o tom sporu odluče na osnovu predskazanja po letu ptica, pa sednu na razne strane, svaki za sebe. Kažu da se Remu pokazalo šest kraguja, a Romulu dva puta toliko. Neki opet, kažu da je Rem uistinu video šest ptica, a da je Romul slagao; jer tek kad mu je Rem prišao, tek tada se Romulu pojavilo dvadeset kraguja. Sa toga razloga Rim-

---

* Proročica iz Delfa, grčkog svetilišta s kojim je Rim imao veze u helenističko doba, ali ne već u Romulovo vreme.
** Na Palatinu

ljani i danas koriste većinom kraguje kad proriču budućnost po letu ptica.

DIGRESIJA O KRAGUJIMA

Herodor sa Ponta saopštava da se i Herakle radovao kad bi mu se pojavio kraguj na početku nekog njegovog zadatka.

Jer to je najneškodljivija životinja od svih, koja ništa ne dira od onoga što ljudi seju, gaje ili napasaju, već se hrani leševima, ne ubija niti ranjava išta što diše, ne napadajući, zbog srodnosti, ptice čak ni uginule. Orlovi, međutim, i sove i sokoli napadaju žive ptice iste vrste i ubijaju ih. A Ajshil kaže o tome:

*„Kako može da bude čista ona ptica
koja pojede drugu pticu?"* *

Druge nam se ptice, takođe, stalno nalaze pred očima, da tako kažemo, i moguće ih je uvek opaziti, dok je kraguj redak prizor, a poznato je da se na njegove mlade teško nailazi. Tako su neki ljudi došli do čudnog mišljenja da oni ovamo stižu iz tuđine, iz neke druge zemlje, da su nešto retko i neuobičajeno, na primer onakvo što vračevi smatraju da nije prirodno niti da se pojavljuje od svoje volje, već po božjoj naredbi.

ROMUL UBIJA REMA

10. Kad je Rem, dakle, shvatio prevaru, poče da se ljuti i dok je Romul kopao jarak s namerom da

---
* Ajshil, *Hiketide*, stih 226.

se svud naokolo podigne zid, on se čas podrugivao tim poslovima, a čas ih je ometao. Na kraju on preskoči preko tog jarka i Romul ga udari, kako kažu jedni, dok drugi tvrde da je to bio neki Keler, jedan od Romulovih ljudi.

Rem padne na mestu mrtav. U tom sukobu poginu i Faustul i njegov brat Plejstin, za koga istoričari kažu da mu je pomagao da othrani Romula. Ovaj Keler onda pređe u Etruriju, a po njemu Rimljani brze i hitre ljude zovu *Celeres*, a takav nadimak su dali i Kvintu Metelu, koji je posle očeve smrti organizovao višenedeljne gladijatorske borbe, zadivljeni brzinom njegovih priprema za to.

ROMUL PODIŽE GRAD

11. Što se tiče Romula, on Rema sahrani u Remoriji zajedno s oba svoja odgojitelja, pa poče da gradi grad. Pošalje po ljude u Etruriju koji ga upute u neke svete zakone i spise, poučivši ga detaljno o svemu, kao u misterijskoj inicijaciji. Iskopan je dakle kružni jarak oko današnjeg Komitija, pa su u njega ostavljani prvi plodovi svega što su ljudi koristili po običaju kao dobro, a po prirodi kao neophodno. A na kraju je u to svaki od njih bacio šačicu zemlje, ponete iz one oblasti otkuda je došao, i sve su pomešali. A ovaj jarak nazivaju istim imenom kao i Olimp: *mundus**. Zatim su omeđili grad u vidu kruga oko centra.

---
* Latinski izraz za nebeski svod i za otvor podzemnog sveta.

A osnivač, stavivši u plug bronzani raonik, upregne par goveda, vola i kravu, i sam ih povede orući duboku brazdu po tim međama; njegovi pratioci imali su zadatak da vrate unutra sve grude zemlje koje plug izore, pazeći da nijedna ne ostane van granice grada. Ovom linijom je, dakle, određen zid, koji se skraćenjem, naziva *pomerium*, što znači 'iza zida', ili 'posle zida'. A tamo gde hoće da naprave kapiju, izvade raonik i ostave prazninu, proneseći plug malo dalje. Otud i ceo zid smatraju svetim, osim te kapije; kad bi, naime, i kapiju smatrali svetom, ne bi mogli da u grad unose niti iznose stvari neophodne ali ne čiste.

VREME OSNIVANJA GRADA RIMA I ROMULOVOG ROĐENJA

12. Svi se slažu da se ovo osnivanje zbilo jedanaestog dana pre majskih Kalendi, i taj dan Rimljani proslavljaju, nazivajući ga rođendanom otadžbine. Kažu da u početku na žrtvu uopšte nisu prinosili ništa živo, smatrajući da praznik posvećen rođenju otadžbine treba očuvati čist i bez krvi. Međutim, i pre ovog osnivanja, oni su istog tog dana praznovali neku pastirsku svečanost pod imenom *Parila**.

U današnje vreme rimski meseci ne počinju uopšte na isti dan kao kod Helena; a oni kažu da je onaj dan, kada je Romul osnivao Rim, pao tačno na trideseti dan u mesecu, jer se baš tada dogodilo pomračenje sunca, za ko-

---

* 21. april

je veruju da je bilo poznato Antimahu, epskom pesniku s Teja, i da je palo u treću godinu Šeste olimpijade*.

U doba filosofa Varona**, u istorijskim stvarima najnačitanijem čoveku među Rimljanima, živeo je njegov prijatelj, Tarutije, filosof i pored toga matamatičar; bavio se, iz čiste želje za istraživanjem, i načinom određivanja horoskopa, u čemu je smatran veoma veštim. Njemu Varon predloži da odredi tačan dan i čas Romulova rođenja, računajući na osnovu događaja iz njegovog života, kao što se u geometriji analiziraju problemi. Naime, u skladu je s istom naukom da se predvidi nečiji život kad se zna vreme njegovog rođenja, i obrnuto, da se traga za vremenom rođenja kad je poznat život.

Tarutije, dakle, postupi po ovom zahtevu, razmotri sve doživljaje i dela ovog čoveka kao i dužinu života i način smrti; skupivši i uporedivši sve slične podatke, on prilično drsko i odvažno obelodani da je Romulova majka začela prve godine druge olimpijade***, dvadesettrećeg dana u mesecu koji Egipćani zovu Hojak, i to u tri sata, u vreme potpunog pomračenja sunca, a da je ugledao sveta dvadeset prvog dana u mesecu out, u svitanje dana. Zatim, da je grad Rim osnovao devetog dana meseca Farmouti**** iz-

---

* To je godina 753. pre nove ere, a prva olimpijada održana je 776. godine pre nove ere.
** Marko Terentije Varon (116–27. pre n.e.) značajan i plodan rimski autor, koje je napisao preko 500 knjiga, od kojih je samo manji broj sačuvan.
*** Tj. 771. godine; Rim je dakle osnovao sa 18. godina.
**** Plutarh, kao i Tarutije, navodi egipatske nazive za mesece, jer se astrologija, iako haldejskog porekla, proučavala i u grčkoj po egipatskim knjigama.

među drugog i trećeg sata. Oni, naime, veruju da je sudbina grada, kao i kod ljudi, određenog trajanja, i to se vidi po položaju zvezda u trenutku njihovog nastanka odnosno rađanja.

Ipak, sve ovo, i tome slično, više će pridobiti čitaoce po tome što je neobično i čudno nego što će ih uznemiriti time što izgleda izmišljeno.

ROMUL UREĐUJE PRILIKE U GRADU

13. Kada je osnovao grad, najpre je sve odrasle muškarce rasporedio u vojne odrede; u svakom je odredu bilo tri hiljade pešaka i tri stotine konjanika. Takav odred nazvan je legija[*] po tome što su od svih ljudi za njega izabrani oni koji su sposobni za borbu. Zatim je od svih ostalih konstituisao narod, a masa je dobila ime *populus*. Stotinu najboljih odabrao je za većnike i nazvao ih patricijima, a njihov skup senatom[**]. Sama ta reč zapravo znači veće staraca; a što se tiče naziva patriciji za ove većnike, neki kažu da su ga dobili zato što su bili očevi zakonitih sinova, a neki, opet, da su oni sami mogli da pokažu svoje očeve, što većini iz tog prvog naleta doseljenika u grad nije bilo moguće. Treći, dakle, taj naziv povezuju sa patronatom. Tako su, naime, oni nazivali, i sve do danas tako nazivaju, starateljstvo, držeći da je među onima koji su došli s Euandrom bio neki Patron, koji se starao o malim ljudi-

---

[*] Latinski *regio* znači „izbor", kasnije „legija".
[**] Latinski *senex* znači starac, kao u grčkom *geron, gerousia*.

ma pomažući im, pa je takvo ponašanje po njemu i dobilo ime.

Najverovatnija će, ipak, biti pretpostavka da ih je Romul tako nazvao zato što je smatrao kako onima prvim i najmoćnijim dolikuje da se očinskom brigom i zaštitom staraju o sirotinji, a da je istovremeno hteo da se i drugi nauče da ne treba da se boje aristokrata niti da se srde zbog njihove počasti, već da im budu naklonjeni i da ih smatraju i zovu očevima. I zaista, sve do dana današnjega, dok stranci članove Senata zovu hegemonima, sami Rimljani ih zovu očevima*, upotrebljavajući naziv koji uživa najveće uvaženje i čast, a najmanje izaziva zavist. U početku su, međutim, nazivani samo „očevima", ali kasnije, kada se njihov broj povećao, počeli su ih zvati *patres conscripti*.

I dok je njemu (tj. Romulu) ovo ime izgledalo dostojanstvenije da bi se istakla prednost senatora u odnosu na narod, drugim imenima je moćnike izdvojio iz mase nazvavši ih patronima, što znači „zaštitnici", a one druge klijentima, što znači „štićenici". Istovremeno je između njih stvorio čudesnu uzajamnu naklonost koja je trebalo da proizađe iz velikih prava.

Prvi (tj. patroni) bili su tumači zakona i zaštitnici klijentima na sudu, kao i savetnici u svemu, i staratelji. A drugi (tj. klijenti) pokazivali su svoju odanost ne samo poštovanjem već i pomažući da se opreme kćeri onih patrona koji su bili siromašni i da se isplate njihovi dugovi. A čak nijedan zakon niti magistrat nije mogao prinuditi patrona da svedoči protiv

---

* *patres* na latinskom.

klijenta, niti pak klijenta /da svedoči/ protiv patrona. I kasnije su sva prava ostala, ali se počelo smatrati sramnim i neplemenitim da moćnici primaju novac od nižih slojeva.

Ali toliko dakle o ovome.

OTMICA SABINJANKI

14. Četvrtog meseca posle osnivanja grada, kako izveštava Fabije, oni su se odvažili na otmicu žena. A neki opet tvrde da je nasilje nad Sabinjanima započeo sam Romul, koji je po prirodi bio ratoboran, a uz to nekim proročanstvima ubeđen da je Rimu suđeno da postane najveća sila ako se održava i povećava ratovima.

I kažu da nije ugrabio mnogo devica, već samo njih trideset, budući da su mu bile potrebne više zbog rata nego kao neveste. Ali to nije verovatno: nego je on video da su se u gradu odmah naselili došljaci, od kojih su malobrojni imali žene, a mnogi, skupljeni sa svih strana, siromašni i beznačajnog porekla, bili su prezreni, a uz to se činilo da neće za stalno istrajati zajedno, a i nadao se da će ovom otmicom nad Sabinjanima na neki način doprineti da počne spajanje i druženje s njima kad sa njihovim ženama budu lepo postupali, pa se prihvatio toga na ovaj način.

Najpre je dao da se proširi glas kako je, skriven pod zemljom, pronađen žrtvenik nekog božanstva. A tog su boga zvali Kons ili onaj koji daje savete (oni naime još uvek savet zovu κωνσίλιον*, a svoje vrhovne magistrate

---
* Tako Plutarh piše latinski izraz *consilium*

zovu *consules*, tj. savetnici). Ili je to bio Posejdon konjanik. A ovaj žrtvenik se, naime, nalazi na većem hipodromu, i ne može se videti sve vreme, već se otkriva samo u vreme održavanja konjičkih igara.

A drugi opet tvrde da nije nelogično da žrtvenik tom bogu bude skriven ispod zemlje budući da je savet inače tajna i da se ne vidi. Kad je, dakle, žrtvenik otkriven, on (tj. Romul) objavi da će na njemu prineti sjajnu žrtvu i organizovati igre i javnu svetkovinu.

Skupi se mnogo sveta, a on sam sedne u prvi red s najviđenijim ljudima, ukrašen grimizom.

Znak za početak napada trebalo je da bude kad on ustane i nabere svoj ogrtač a zatim ga ponovo ogrne.

Mnogi su, dakle, naoružani mačevima, budno motrili na njega, i čim je dat znak, oni isuču mačeve i navale s velikom grajom, pa počnu da otimaju kćeri Sabinjana, njima dozvolivši da pobegnu i propuštajući ih.

Neki kažu da su oteli samo trideset devojaka, a da su po njima fratrije (kurije) dobile svoj naziv.

Međutim, Valerije iz Antija spominje broj petsto dvadeset sedam, a Juba čak šesto osamdeset i tri devojke.

Odbrani Romulovoj najviše je išlo u prilog to što je za sebe uzeo samo jednu ženu, Hersiliju, koja je umakla, što se stvarno dokazuje da oni ovu otmicu nisu smislili ni iz obesti niti da bi uvredili Sabinjane, već da bi najjačim mogućim rodovskim vezama ove rodove izmešali i sjedinili u jedan.

A za Hersiliju neki kažu da se udala za Hostilija, veoma uglednog Rimljanina, dok drugi tvrde da se udala za samog Romula, kome je rodila i decu: kćer Primu (koja je tako nazvana jer je bila prvorođeno dete) i samo jednog sina, kome je on (tj. Romul) dao ime Aolije, po onom brojnom ljudstvu koje je on bio okupio. Ovoga su kasnije svali Avilije.

O ovome izveštava istoričar Zenodot iz Trojzena, ali mu u svemu mnogi protivreče.

DIGRESIJA O SVADBENOM OBIČAJU I O IZRAZU TALASIJE

15. Kažu da se među otmičarima devojki tada našlo i onih ne baš uglednog položaja, koji su poveli jednu devojku izrazite lepote i stasa. Kad su ih neki iz boljih slojeva presreli, pokušali su da im je preotmu. Ovi onda počnu da viču da nju vode Talasiju, čoveku doduše mladom, ali već na dobrom glasu i čestitom.

Kada to oni drugi čuju, počnu da čestitaju hvaleći ga i pljeskajući rukama, a neki se čak vrate da bi ih ispratili, iz naklonosti i poštovanja prema Talasiju, usput bučno ponavljajući njegovo ime.

Odatle potiče svadbeni običaj kod Rimljana, sačuvan sve do danas, da se pesmom obraćaju Talasiju, isto kao Heleni Himenaju. A kažu da je onaj Talasije bio veoma srećan uzevši nju za ženu.

A Sekstije Sula iz Kartagine, čovek koji ne oskudeva u naklonosti ni Muza ni Harita, rekao nam je da je Romul upotrebio tu reč kao signal za početak otmice, a onda su svi oni koji su poveli devojke uzvikivali „Talasije"; tako da se to stoga zadržalo kao svadbeni običaj.

Većina, međutim, smatra, a među njima i Juba, da je to poziv i podsticaj na marljivost u predenju vune, toliko je onda bilo grčkih reči u upotrebi među latinskim.

Ako to nije pogrešno objašnjenje, pa ako su se Rimljani tada koristili tom reči kao mi, možda bi se mogao navesti drugi, verovatniji razlog.

Kad su se, naime, Sabinjani pomirili s Rimljanima posle ratnih sukoba, sklopili su ugovore u vezi sa ženama, da one, osim, u predenju vune, ni u kakvom drugom radu ne pomažu muževima. Tako se onda zadržao taj običaj kod venčanja, i kod onih koji udaju kćer ili idu u svadbenoj povorci ili samo posmatraju, da zazivaju Talasija u šali, svedočeći tako da nikakav drugi posao osim predenja vune neće nova mlada dobiti u zadatak. Zadržao se do danas i običaj da nevesta ne prekorači sama prag ložnice, već da je podignu i unesu, zato što su nekad devojke na silu odvedene i nisu ušle same.

Neki opet pričaju da je običaj da se nevesti vrhom koplja na glavi načini razdeljak u znak prvog venčanja do koga je došlo posle bitke i ratom. O tome smo više rekli u knjizi Αἰτία Ῥωμαϊκά.

I najzad, na ovu su se otmicu osmelili osamnaestog dana meseca koji se tada zvao *Sextilis*, a danas Augusus istog onog dana kad se slavi praznik *Consualia**.

---

* Taj praznik se slavio 21. avgusta, a ne kako pogrešno navodi Plutarh.

VREME OTMICE SABINJANKI I RAT SA SABINJANIMA

A Sabinjana je bilo mnogo i bili su ratoborni, i živeli su po selima koja nisu bila zaštićena bedemima, budući da je njima, lakedemonskim kolonistima, dolikovalo da se drže oholo i da se ničega ne boje.

Međutim, suočeni s ogromnim zalogom koji im je uzet, i plašeći se za svoje kćeri, pošalju poslanike tražeći prikladan i odmeren sporazum: da im Romul vrati njihove kćeri i da izgladi onaj nasilni čin, a da zatim ubeđivanjem i zakonskim putem postignu prijateljstvo i srodničke veze između njihova dva naroda.

Ali im Romul nije vratio kćeri, a zahtevao je da Sabinjani prihvate savez sa Rimom; dok su drugi odugovlačili većanjem i pripremama za rat, kajnetski kralj Akron, plahovit i ratu vičan čovek, koji je od početka sumnjao u Romulove drske poduhvate, a posle onoga što je učinio sa ženama zaključio da je on (tj. Romul) za sve njih opasan i nepodnošljiv ukoliko ne bude kažnjen, pre svih se podigne na rat i sa velikom silom krene protiv Romula. I ovaj protiv njega.

Približivši se toliko da su se mogli videti i odmerivši pogledom jedan drugog, upute izazov na dvoboj između njih dvojice, a da se vojska pod oružjem ne pomera.

Tada se Romul zavetovao da će, u slučaju da on nadvlada i sruši ovog protivnika, njegovo oružje prineti i posvetiti Zevsu. Zaista ga nadvlada i sruši, a kad se zametne bitka, nagna u bekstvo neprijateljsku vojsku i zatim zauzme i njihov grad. Pobeđenim i zarobljenim ljudima nije učinio nikakvo zlo, već je zapovedio da razore svoje kuće i da pođu za njim u Rim, gde će kao građani imati ista prava.

I ništa nije doprinelo jačanju Rima više od ovog postupka da sebi pripoji i prisajedini pobeđene.

Romul je, međutim, namislio kako da svoj zavet ispuni najvećma po Zevsovoj volji, a da to bude prijatan prizor i za građane. Posekao je ogroman hrast na bojnom polju, obradio ga kao trofej, pa Akronovo oružje jedno po jedno rasporedio i uredno pričvrstio svuda naokolo. Sebi priveže pojas oko odeće, a svoju bujnu kosu ovenča lovorom. Zatim na desno rame naprti trofej, držeći ga uspravno, i pođe započinjući da peva pobednički pajan, koji je prihvatila naoružana vojska u njegovoj pratnji.

Građani su ih primali radosno i zadivljeno. Ova je svečana povorka bila prva u nizu svih kasnijih trijumfa kojima je poslužila kao uzor. Ovaj je trofej bio nazvan zavetnim darom Zevsu Feretrijskom, jer Rimljani „udarati" kažu *ferire*. Romul je zaželeo da udari i da sruši svog protivnika. A Varon kaže da su oružje kao plen zvali *opimia*, zato što za bogatstvo kažu *ops*. Međutim, verovatno je tako nazvano po onome što je on uradio, jer se „delo" kaže *opus*.

Naime, samo se vojskovođi koji svojeručno pobedi, nadvlada i ubije protivničkog vojskovođu dopušta da oružje neprijatelja prinese na zavet. A tako se zbilo da je samo trojici rimskih vojskovođa bilo dopušteno da tako postupe: kao prvom Romulu koji je ubio Akrona iz Kajnine*, kao drugom Korneliju Kosu koji je ubio Etrurca Tolumnija, i posle njih, na kraju, Klaudiju Markelu, koji je nadvladao galskog kralja Britomarta. A Kos i Markel su se već dovezli u grad na četvoropregu noseći svoje trofeje. Međutim, Dionisije (iz Halikarnasa) nije u pravu kada tvrdi da se i Romul poslužio kolima. Ima, naime, podataka da je Demaratov sin Tarkvinije bio prvi (rimski) kralj koji je trijumfima dao taj vid i visoki nivo. Neki opet kažu da je prvi koji je trijumfovao na kolima bio Publikola. Što se tiče Romula, u Rimu se mogu videti njegovi kipovi i svuda je prikazan kako peške nosi trijumfe.

17. Posle osvajanja grada Kajnine, dok su se ostali Sabinjani još pripremali za rat, stanovnici Fidene, Krustumerija i Antemne podignu se zajedno na Rimljane. Došlo je do bitke i oni su pobeđeni, i isto tako, dopustili su Romulu da zauzme njihove gradove, da podeli njihovu zemlju i da njih same preseli u Rim. A Romul je svu ostalu zemlju podelio građanima, osim one koju su držali očevi otetih devojaka; njima je dopustio da zadrže svoje posede.

RATNA EPIZODA SA TARPEJOM

Zbog svega ovoga su se ostali Sabinjani ljutili, pa su odredili Tatija za vojskovođu i poveli vojsku na Rim.

Ali je pristup gradu bio težak, zbog prirodne zaštite brežuljkom gde je sada Kapitol. Na

---

* Nije poznato gde se nalazilo ovo mesto.

njemu se nalazila straža, a njen zapovednik bio je Tarpej, ne devojka Tarpeja kako to neki tvrde, prikazujući Romula kao lakomislenog čoveka. Tarpeja je bila zapravo kći toga zapovednika; ona je izdala (svoje) Sabinjanima iz želje za zlatnim narukvicama koje je videla da su oni nosili, a kao nagradu za svoju izdaju tražila je ono što su imali na svojoj levoj ruci. Kad joj je Tatije to obećao, ona noću otvori jednu kapiju da Sabinjani uđu.

Izgleda da Antigon nije bio jedini koji je rekao da izdajice voli pre izdaje, a da ih mrzi posle nje, ni Avgust koji je, u vezi sa Tračaninom Rojmetalkom, rekao da voli izdaju, ali da mrzi izdajicu. I uopšte, ono što osećaju prema nevaljalcima ljudi koji moraju s njima nešto da obave isto je kao kad neko mora da uzima otrov ili žuč kakvih životinja: prija im korist od toga dok ga uzimaju, ali omrznu njegovu opakost odmah posle upotrebe.

Upravo to je onda prema Tarpeji osetio i Tatije, kad je Sabinjanima naredio da pamte dogovor (s njom), te da joj niko ne uskrati ono što ima na levoj ruci. I pri tom on prvi skine s ruke narukvicu i baci prema njoj, a odmah i svoj veliki štit. Svi su za njim učinili to isto, pa je devojka, na koju su bacali zlato i zatrpali je štitovima, izdahnula pod teretom ogromnog broja tih predmeta.

I Tarpej je, na optužbu Romulovu, osuđen zbog izdaje, kako navodi Juba da je pisao istoričar Galba Sulpikije. Što se tiče autora koji o Tarpeji drukčije pišu, ne zaslužuju poverenje oni koji kažu da je ona bila kći sabinjanskog vojskovođe Tatija, a da je silom naterana na vezu sa Romulom, pa da je onako postupila i nastradala od svog oca. Među ovim istoričarima je i Antigon.

A pesnik Simil bunca u potpunosti kada veruje da Tarpeja nije Kapitol predala Sabinjanima, već Keltima u čijeg se kralja zaljubila. On kaže sledeće:

> *Živeći sasvim blizu Kapitolskog brega,*
> *Tarpeja postaje rušilac rimskih utvrđenja;*
> *a očinski dom nije sačuvala, iz ljubavi*
> *prema bračnoj postelji keltskoga vladara.*

A malo dalje o njenoj smrti:

> *U vodama Poa tu mrsku devojku nisu udavili*
> *razdragani Bojani ni silno mnoštvo Kelta,*
> *već su kao samrtni nakit nabacali*
> *hrpu oružja na nju sa svojih ratobornih ruku.*

NASTAVAK SUKOBA

18. U svakom slučaju je Tarpeja na tom mestu sahranjena, a brdo se po njoj zvalo Tarpejsko sve dok kralj Tarkvinije nije to mesto posvetio Zevsu; Tarpejine su kosti tada prenete odatle, i ime se izgubilo. Ipak još i danas na Kapitolu postoji takozvana Tarpejska stena, sa koje bacaju zločince.

Pošto su, dakle, Sabinjani držali utvrđenje na vrhu, Romul ih, razgnevljen, izazove na borbu, a Tatije to odvažno prihvati, videći da imaju siguran odstup u slučaju da budu potisnuti. Jer prostor između njih na kome je trebalo da dođe do sukoba bio je sa svih strana opkoljen brdima. Tako teško tle očigledno je obe strane prisiljavalo na oštru i tešku borbu, smanjujući mogućnost bekstva i gonjenja na tesnom prostoru.

A baš se desilo da se samo koji dan ranije reka bila izlila iz svog korita i da je pri povlačenju ostavila za sobom duboku i skrivenu baru upravo na onom delu ravnice gde se danas nalazi forum. Nju, dakle, nije bilo lako ni opaziti niti je izbeći, toliko je bila nezgodna i podmukla.

Neupućeni u ovo, Sabinjani su se uputili baš u tom pravcu, kad se dogodi jedan srećan slučaj. Naime, vrlo ugledan Sabinjanin Kurtije, ponosan na svoju slavu i hrabrost, isprednjači na svom konju daleko ispred ostalih. Konj mu propadne u onu kaljugu, a on pokuša da ga odatle istera udarcima i podsticanjem, ali, kad je shvatio u kojoj je nevolji, ostavi konja i sam se spase. Po tome se ono mesto još i sad naziva Kurtijevo jezero.

Izbegavši tako ovu opasnost, Sabinjani su se upustili u žestoku bitku, u kojoj nikako nije padala odluka u nečiju korist, iako je izginulo mnogo boraca, među njima i Hostilije. Kažu da je to bio Hersilijin muž i deda Hostilija koji će posle Nume postati kralj.

Izgleda da je ubrzo ponovo došlo do više sukoba, od kojih se posebno spominje onaj poslednji, kada je Romul bio pogođen kamenom u glavu i umalo nije pao na zemlju, pa je morao prestati s otporom. Rimljani su popustili pred Sabinjanima i počeli su uzmicati prema Palatinu, potisnuti s ravnice.

Utom se Romul već povratio od udarca i hteo je da se oružjem suprotstavi beguncima, naređjujući da se zaustave i bore, pritom sam strahovito vičući. Međutim, bekstvo se sve više širilo svud uokolo i niko se nije usudio da se okrene prema neprijatelju. Onda on (tj. Romul) podigne ruke prema nebu i počne se moliti Zevsu da zaustavi vojsku i da ne dopusti da Rim propadne, već da se ponovo uzdigne. Kad je on završio svoju molitvu, mnoge pred kraljem obuzme stid, pa se beguncima povrati hrabrost. Zaustaviše se, dakle, najpre na onom mestu ge se danas nalazi hram Zevsa Statora, što bi se moglo protumačiti kao „onaj koji zaustavlja". Zatim, svrstavši se u bojne redove, ponovo potisnu Sibinjane do onog mesta koje se sada naziva *Regia* i do Hestijinog svetilišta.

SKLAPANJE PRIMIRJA

19. A tamo ih, dok su se pripremali za ponovnu borbu, zadrži jedan čudan prizor, koji je teško izraziti rečima. Ugledali su, naime, kako sa svih strana, s kricima i vrišteći, one otete sabinjanske kćeri, kao obuzete božanstvom, između oružja i leševa, jure prema svojim muževima i očevima. Jedne su stiskale novorođenčad u naručju, druge su raspustile kose, a sve su upućivale reči od milja čas Sabinjanima, čas Rimljanima.

   I jedni i drugi su ovim bili ganuti, pa se razmaknu da ih propuste u sredinu između dva bojna reda. Na to se svuda pronese njihov jauk, a sve obuzme silno sažaljenje dok su ih gledali, a još više kad su čuli njihove reči kojima su se najpre iskreno branile, da bi završile molbama i preklinjanjem:

„Kakvu smo vam, rekoše, strahotu ili jad mi nanele, da se već toliko patimo i da i dalje trpimo još groznije zlo? Nas su oteli silom i nezakonito ovi s kojima smo sada, a posle te otmice toliko vremena su nas naša braća, očevi i rođaci zanemarivali da smo postale najtešnje povezane sa svojim najljućim neprijateljem, a to je učinilo da se mi sada, dok su u ratu, bojimo za njihov život, njih koji su nas nasilno i nezakonito doveli, i da plačemo ako poginu. I niste nam došli u pomoć protiv tih što nam nanose nepravdu dok smo još bile device, već sad otimate žene od muževa i majke od dece, nama siroticama pružajući pomoć koja je još vrednija sažaljenja od nebrige i napuštanja. Toliko su nas oni zavoleli, toliko nas vi sažaljevate! Čak i da je neki drugi uzrok rata među vama, trebalo bi da prestanete, jer ste im postali tastovi, dede i rođaci.

A ako se ovaj rat vodi zbog nas, prihvatite nas zajedno sa zetovima i decom, a vratite nam očeve i rođake, ne ostavljajući nas bez sinova i muževa.

Preklinjemo vas da ne postanemo zarobljenice još jedanput."

Tako je Hersilija govorila dugo, a druge su joj se pridružile svojim molbama. Tada sklope primirje i zapovednici se skupe na dogovor.

Za to vreme žene svojim očevima i braći predstave muževe i decu, pa im donesu hrane i pića kome je trebalo, i pobrinu se za ranjenike, smestivši ih u svojim domovima. Tako su pokazale da su one gospodarice u svojoj kući, da im muževi iskazuju pažnju i s naklonošću im svaku počast odaju.

Onda sklope dogovor da sve one žene, koje žele, ostanu kod svojih muževa, a da budu pošteđene (kako je već spomenuto) svakog drugog posla i službe osim predenja vune; zatim, da Rimljani i Sabinjani zajedno borave u gradu, da se grad po Romulu zove Rim, a da se svi Rimljani po Tatijevoj otadžbini[*] zovu Kviriti i da njihovi kraljevi zajedno vladaju i da obojica budu vojni zapovednici.

Mesto gde je ovaj sporazum sklopljen do danas se naziva Komitij (*Comitium*), jer Rimljani „ujediniti se" kažu *comire*.

UREĐENJE, PRAZNICI I ZAKONI U RIMU

20. Kada se grad tako udvostručio, spisku patricija doda se još stotinu Sabinjana, a legije je sačinjavalo šest hiljada pešaka i šest stotina konjanika. Uveli su i podelu na tri zajednice, članove jedne nazvavši *Ramnenses* po Romulu, druge *Tatienses* po Tatiju, a treće *Lucerenses* po svetom gaju u kome se, kada je dat azil, okupilo mnogo pribeglica, koji su posle uživali pravo građanstva. Oni, naime, svete gajeve nazivaju *lucus*. Da je tih zajednica bilo toliko, svedoči njihovo ime, jer oni i danas te zajednice zovu

---

[*] Tj. po gradu *Cures*, severno od Rima, od čega je izvedeno i Quirinus i Quirites.

tribama, a njihove glavare tribunima. Svaka zajednica imala je deset bratstava, koja su, kako neki tvrde, dobila imena po onim ženama. To, ipak, izgleda da je pogrešno, jer su mnoge te kurije dobile svoje ime po nekom mestu.

Međutim, ovim ženama u čast odužili su se mnogo čim drugim, između ostalog i sledećim: na ulici im se pri susretu ukazuje prvenstvo, u prisustvu žene niko ne sme da upotrebi sramotne reči niti da se razgoliti, a ne smeju biti tužene sudovima koji sude za ubistva. A njihova deca mogu da nose bulu, ogrlicu nazvanu tako po njenom obliku i sličnu mehuru, i odeću s purpurnim pervazom.

A kraljevi nisu odmah većali zajedno, već je svaki ponaosob većao najpre sa svojom stotinom (senatora), a zatim su se svi skupljali na jedno mesto.

Tatije je živeo tamo gde se sad nalazi hram Monete, a Romul kod stepenica zvanih Kakovi basamaci, koji se nalaze blizu prolaza sa Palatina na veliki hipodrom*. Tamo kažu da je bio i sveti dren, o kome postoji legenda da je Romul, za vreme vežbanja, s Aventina bacio svoje koplje čije je držalje bilo od drenovine. Vrh koplja se zabio u tle, a od mnogih koji su pokušavali da ga izvuku niko nije uspeo. A plodna zemlja prihvati ovo drvo i ono pusti grane, tako da izraste veliko drenovo stablo.

Romulovi naslednici čuvali su ovo drvo kao najveću svetinju, poštovali ga i postavili oko njega ogradu. Ako bi se nekom prolazniku učinilo da drvo nije bujno ili zeleno, već da

---

* tj. Circus Maximus

se suši i propada, on bi smesta povicima dozivao ljude koji tuda prolaze i oni bi došli u pomoć kao da treba da gase požar, vičući da se donosi voda i sa svih strana jureći prema ovom mestu s posudama punim vode.

Kad je Gaj Kajsar[*] naredio da se oprave stepenice, kažu da su majstori prekopavali sve naokolo, pa je nepažnjom pri tom koren potpuno oštećen i drvo se sasušilo.

21. Mesece su Sabinjani prihvatili od Rimljana (a o tome što je trebalo da se kaže piše u *Životu Numinom*). Romul se pak počeo služiti njihovim štitom (velikim i četvrtastim), promenivši svoje lično i rimsko naoružanje, koje se ranije sastojalo od argivskih (okruglih) štitova.

Uzajamno su sudelovali u praznicima i prinošenju žrtava jedni kod drugih, ne ukidajući nijednu svečanost koju su oba plemena imala ranije i uz to uvodeći nove, među kojima i praznik *Matronalia*, posvećen onim ženama zbog njihove zasluge u prekidu ratnog sukoba, kao i praznik *Carmentalia*. Neki smatraju da je Karmenta Sudbina koja gospodari rađanjem čoveka, pa je poštuju majke. Drugi opet kažu da je žena Arkađanina Euandra dobila ime Karmenta (a pravo joj je ime bilo Nikostrata) po tome što je, kao proročica nadahnuta Fojbom Apolonom, sastavljala proročanstva u stihu, a oni, naime, pesme nazivaju *carmina*. U tome su dakle svi saglasni. Ipak neki navode verovatnije tumačenje da je sišla s uma zbog bezumlja koje se javlja u proročanskom zano-

---

[*] tj. Car Kaligula (vladao od 37–41. g. nove ere)

su: oni, naime, kažu *carere* „biti lišen", a „um"
zovu *mentem*.

O prazniku *Parilia* već je bilo reči.

Što se tiče praznika *Lupercalia*, po vremenu praznovanja izgleda da će to biti praznik očišćenja, jer se svetkuje u nesrećne dane meseca februara, čiji bi se naziv mogao protumačiti kao „onaj koji pročišćuje", a sam taj dan su nekad zvali *Februata*; helensko ime ovog praznika znači *Lykaia* (tj. vučji praznik), pa se stoga čini da je to pradavni praznik Arkađana iz Euandrove pratnje. Ipak, ovo je opšteprihvaćeno, da je mogućno da ovo ime dolazi od reči za vučicu. A vidimo da Luperci zaista svoj obilazak započinju sa onog mesta gde kažu da je bio izložen Romul. Ali je teško pogoditi uzrok kultskih radnji koje se pri tom izvode: kolju, naime, ovce, a zatim im privode dva dečaka uglednog roda, pa im jedni dodirnu čelo nožem umrljanim onom krvlju, a drugi im to smesta izbrišu, i to vunom poškropljenom mlekom. Posle ovog brisanja dečaci treba da se smeju. Posle toga kože ovih ovaca iseku u kaiševe i trče po gradu, nagi, samo sa pregačama, udarajući onim bičevima namernike. Žene u dobu za rađanje ne sklanjaju se pred njihovim bičevima verujući da ovo pomaže u trudnoći i kod porođaja. Posebnost ovog praznika je i u tome što Luperci prinose psa na žrtvu. A neki Buta, pišući elegijskim stihom o mitskim uzrocima rimskih običaja, kaže da su Romulove pristalice, pobedivši Amulija, od radosti trkom odjurlili na ono mesto gde je malim blizancima vučica dala da sisaju. Tako bi ova svetkovina bila ugledanje na onu trku, a trče deca ugledna roda:

„Bičujući usput prolaznike, kao što su nekad s mačem u ruci iz Albe hitali Romul i Rem".

A to što se mač umazan krvlju prinosi čelu predstavlja znamenje ondašnjeg krvoprolića i opasnosti, dok je čišćenje pomoću mleka spomen na onu njihovu hranu.

Gaj Akilije, opet, kazuje da je jednom, pre osnivanja Rima, Romulovim pastirima nestala stoka i da su oni, pomolivši se faunu, pojurili da je traže nagi kako ih znoj ne bi ometao; stoga, dakle, Luperci nagi trče svuda po gradu. A moglo bi se reći da se pas prinosi na žrtvu, ako je ova žrtva očišćenje, zato što se oni njime služe kao žrtvom pomirnicom.

I Heleni, naime, u žrtvama pomirnicama iznose štenad, a na više mesta obavljaju običaj zvani *periskylakismos**. Ali ako ova svetkovina predstavlja žrtvu zahvalnicu vučici zato što je odbranila i spasla Romula, nije čudno što se kolje pas: jer on je neprijatelj vukova. A tako mi Zevsa, ako se ova životinja ne kažnjava zato što dodijava Lupercima dok optrčavaju grad.

22. Kaže se da je i Romul prvi uveo kult vatre, posvećujći mu device koje se nazivaju Vestalkama**. Neki, opet, ovo pripisuju Numi, iako kazuju da je Romul bio izuzetno pobožan, i da se čak bavio proricanjem, noseći u tu svrhu augurski štap (zvani *lituus*). To je, zapravo, jedna povijena kuka kojom se pri proricanju

---

* Kultni običaj očišćenja kad se štene (skylax) žrtvuje i nosi naokolo.
** Plutarh kaže: Ἑδτιάδες

na osnovu leta ptica služe auguri da obeležavaju granice četvorouglastih polja na nebu. Ovaj štap su čuvali na Palatinu, ali je nestao u vreme najezde Gala, kada je Rim osvojen. Kasnije je pronađen, posle proterivanja varvara, i to ispod dubokog pepela, neoštećen od vatre, dok je sve ostalo bilo propalo i uništeno.

Romul je doneo i nekoliko zakona, među kojima je i onaj strogi zakon kojim se ženi uopšte ne dozvoljava da napusti svoga muža, ali se dozvoljava da je on otera u slučaju da ona otruje decu ili da promeni ključeve, i kod preljube. Ako je otpusti iz nekog drugog razloga, deo njegovog poseda pripada po tom zakonu ženi, a deo se posvećuje Demetri; muž koji otera ženu mora prineti žrtvu htonskim božanstvima.

Drugu posebnost predstavlja to što nije odredio nikakvu kaznu za oceubistvo, jer je svako ubistvo proglasio oceubistvom, budući da je prvo svetogrđe, a drugo, zapravo, nemoguće. I jako dugo je izgledalo da s pravom nije priznao ovakav zločin, jer u Rimu zaista niko nije počinio ništa slično u toku nekih šest stotina godina. Kažu da je prvi oceubica bio Lukije Hotije iz vremena posle ratova s Hanibalom.

Ali neka ovo bude dosta o tim stvarima.

TATIJEVA SMRT

23. Pete godine Tatijevog kraljevanja, neki njegovi rođaci i prijatelji naiđu na putu na poslanike koji su u Rim dolazili iz grada Laurenta i navale na njih da im silom otmu novac. Kad

ovi to nisu hteli da dopuste već su se branili, oni ih poubijaju.

Kad se dogodila ova strašna drskost, Romul je mislio da krivce treba smesta kazniti, ali je Tatije to odbio i odugovlačio. I ovo je bio jedini slučaj u kome je bilo javnog neslaganja među njima. U svemu ostalom su se ravnali jedan prema drugom što je mogućno više, dobro se zajedno i složno snalazeći u svim prilikama.

Ali rođaci onih ubijenih ljudi, oštećenih što se zahvaljujući Tatiju nije pokrenuo sudski postupak, napadnu ga dok je s Romulom u Laviniju prinosio žrtvu i ubiju ga. A Romula su kao pravednika dopratili hvaleći ga na sva usta. On prenese Tatijev leš i sahrani ga s počastima (a grob se nalazi na Aventinu na mestu zvanom Armilustrij), prenebregavši potpuno kaznu za ovo ubistvo. Neki pisci doduše kazuju da je grad Laurent, iz straha, izručio Tatijeve ubice, ali da ih je Romul oslobodio rečima da se ubistvo ubistvom iskupljuje.

Zbog ovog su se pojavila neka govorkanja i podozrenja da je njemu bilo drago što se rešio svoga savladara, ali nije došlo ni do kakvih nemira niti do pobune Sabinjana, jer su prema njemu svi sačuvali poštovanje, jedni iz naklonosti prema njemu, drugi iz bojazni od njegove moći, a treći, opet, zbog naklonosti bogova koju je on u svemu uživao.

ROMULOVI RATOVI I KUGA

A mnogi su se divili Romulu, i osim njegovog naroda. Drevni Latini pošalju poslanike da sklope s njim ugovor o prijateljstvu i savez. Fidenu je, pak, zauzeo, grad u susedstvu Rima, i to, prema nekim kazivanjima tako što je iznenada poslao konjicu sa zapovešću da se preseku stožeri kapija, a zatim se tamo neočekivano i sam pojavio. Drugi opet tvrde da su ovi (tj. Fidenjani) prvi upali kod njih (tj. Rimljana), opljačkali i naneli velika zla njihovoj zemlji i predgrađu. Romul im je, međutim, postavio zasedu i mnogo ih poubijao, a njihov grad zauzeo. Nije ga ipak razorio ni sravnio sa zemljom, već ga je učinio rimskom kolonijom poslavši tamo dve i po hiljade naseljenika u vreme aprilskih ida.

24. Posle toga se pojavi kuga, koseći nenadano ljude a da nisu ni bolovali, čineći zemlju neplodnom a životinje jalovim. Čak su i kapi krvi u vidu kiše padale na grad, pa se onim neizbežnim nevoljama pridružilo još i silno sujeverje. Kad se sve to isto sručilo i na stanovnike Laurenta, svi su poverovali da oba ova grada progoni srdžba bogova zbog prekršene pravde u slučaju ubistva Tatija, kao i poslanika.

Kad su na to i jedni i drugi izručili ubice i kaznili ih, jasno je bilo da strahota počinje da jenjava. Onda Romul očisti oba grada žrtvama pomirnicama, koje se i danas, kako kažu, prinose kod Ferentinske kapije.

Međutim, pre no što je kuga prestala, navale na Rimljane Kamerijci i počnu im pustošiti zemlju, verujući da, zbog svoje nevolje, oni nisu u stanju da se brane. Ali Romul smesta povede vojsku na njih i pobedi ih u boju, u kome ih je izginulo šest hiljada. Zauzeo je i njihov grad, pa je polovinu preživelih iselio u

Rim, a na dan Kalendi meseca *Sextilis* iz Rima je u Kameriju preselio dvaput više naseljenika nego što je u tom gradu bilo ostalo ljudi. Toliko je mnogo bilo stanovnika u gradu otkad je on pre nekih šesnaest godina osnovao Rim.

Među ostalim plenom, on je iz Kamerije dopremio i bronzanu kvadrigu koju je postavio u Hefajstovom svetilištu načinivši i svoju statuu koju boginja pobede ovenčava vencem.

25. Dok su oni tako postajali sve jači, oni slabiji susedi su im se podvrgavali, srećni što su bezbedni; ali oni moćniji, iz straha i zavisti, nisu smatrali da to treba dopuštati, već da se treba odupreti tom jačanju i Romulu potkresati krila.

Vejani, prvi među Tirencima*, koji su imali prostranu zemlju i živeli u velikom gradu, započeli su ratni sukob sa zahtevom da im se vrati grad Fidena koji njima pripada. To ne samo što je bilo nepravično, već je bilo i smešno, jer im nisu pomogli onda kad su bili u ratnoj opasnosti i izloženi vojnom napadu, već su dopustili da im izginu toliki ljudi, a sada traže kuće i zemlju koja je u vlasništvu drugih.

Odgovarajući im, Romul ih naruži i ismeje, pa se oni podele nadvoje, jedni napadnu na vojnu posadu u Fideni, a drugi pođu u susret Romulu. Oni kod Fidene pobede i pobiju dve hiljade Rimljana, ali od Romula oni drugi dožive poraz i izgube više od osam hiljada ljudi.

I ponovo se oko Fidene zapodene boj: i kako se svi slažu, u njemu je dominirao Romul,

---
* Plutarh tako naziva Etrurce.

pokazavši svu moguću veštinu i smelost, pri čemu se činilo da se on služi snagom i hitrinom zaista moćnijom od ljudske. Ipak, ono što neki tvrde sasvim je izmišljeno, ako nije i potpuno neverovatno, da je od četrnaest hiljada palih neprijatelja, više od polovine poubijao svojeručno sam Romul.

Slično će biti da se i Mesenjani samo hvališu tvrdeći da je Aristomen tri puta prineo žrtvu hekatomfonije* nad Lademonjanima.

Kad je neprijatelj potučen i razbežao se, Romul nije progonio preživele, već je krenuo na njihov grad, čiji građani nisu izdržali posle ovolike silne nesreće, već su molbama postigli mir i sporazum o prijateljstvu na sto godina, ustupivši pri tom veliki deo svoje zemlje, koju zovu *Septempagium*, što znači „sedmodelni", i dajući im solane koje su postojale pokraj reke i pedeset najuglednijih talaca.

Posle ovoga je Romul proslavio trijumf na dan oktobarskih ida, sa mnogo zarobljenika među kojima i zapovednikom Vejana, starijim čovekom za koga se činilo da nije razumno i vešto, što bi bilo u skladu sa njegovim iskustvom i godinama, vodio ovaj rat.

Stoga još i danas, kad prinose žrtve u slavu neke pobede, vode jednog starca preko foruma na Kapitol, odevenog u togu optočenu grimizom, okačivši mu oko vrata bulu kao što nose deca, dok glasnik oglašava: „Sarđani na prodaju". Kažu, naime, da su Tirenci kolonisti Sarđana, a Veji su, opet, tirenski grad.

---

* Za stotinu pobijenih neprijatelja.

ROMULOVA SMRT

26. To je bio poslednji rat koji je vodio Romul.
Zatim mu se dogodilo ono što se događa mnogima, tačnije svima, osim onih malobrojnih koji su velikim i neočekivanim uspesima uzdignuti do moći i vrhunca. Ohrabrivši se okolnostima i opterećen ohološću, odrekao se narodne stvari, promenivši je u monarhiju, mučnu i bolnu, već po izgledu najpre kako je samog sebe opremio. Bio je, naime, odeven u grimizni hiton, noseći i togu optočenu grimizom; a većao je sedeći na tronu s naslonom.
Oko njega su se uvek nalazili mladići zvani *Celeres*, koji su dobili ime po brzini s kojom su ga služili.
Ispred njega su išli drugi čuvari koji su štapovima terali svetinu, opasani remenjem kojim bi svakog po njegovoj zapovesti mogli smesta svezati. Nekad su Latini za to upotrebljavali izraz *ligare*, a sad kažu *alligare*; otud se i ovi mladići sa štapovima zovu *lictores*, a njihovi štapovi zovu se *bacilla* po predmetima koje su tada koristili.
Verovatno je da je u naziv *lictores* umetnuto jedno *c*, jer je ranije glasilo *litores*, a to je ono što se helenski kaže *leitourgoi*; Heleni, naime, još uvek javnu službu zovu *leiton*, a narod *laos*.
27. Kad mu je deda Numitor umro u Albi, trebalo je on da ga nasledi na kraljevskom prestolu, ali je narodu prepustio vlast da bi ga pridobio za sebe i tako je svake godine postavljao upravnika stanovnicima grada Alba. Takođe je i viđe-

ne ljude u Rimu naučio da teže za nezavisnom vlašću, bez kralja, u kojoj će svi na smenu upravljati i izvršavati naloge vlasti.

U državnim poslovima nisu sudelovali ni takozvani patriciji, već im je ostala jedino titula i počasni položaj, a okupljali su ih u Veće više po običaju nego zbog njihovog mišljenja. Tamo bi ćutke saslušali njegove zapovesti, prvi saznavši od njega šta je odlučio, i potom bi se povukli. To im je bila jedina prednost nad narodom. Sve je to bilo ipak manje važno; ali kad je zemlju stečenu u ratu sam razdelio vojnicima i kad je Vejanima vratio taoce, ne konsultujući senat pa čak i protiv njihove[*] volje, postalo je sasvim očigledno da je senatu naneo tešku uvredu.

Stoga je senat bio okružen podozrenjem i okrivljavanjem kad je Romul ubrzo posle toga iščezao na neobjašnjiv način.

A on je iščezao na dan nona meseca jula, kako se taj mesec danas zove, što je po ondašnjem bilo *Qintilis*[**], ne ostavljajući o smrti nikakvog pouzdanog traga koji bi se mogao saznati ili prihvatiti, osim tog datuma, kako rekoh. Još i sada se, naime, čine mnoge stvari koje podsećaju na zbivanja toga dana.

Ne treba se čuditi što je sve to tako neizvesno, jer, kad je Skipion Afrikanac umro kod svoje kuće posle večere, nikad se nije moglo pouzdano utvrditi kako je zapravo umro. Jedni, naime, tvrde da je on, po prirodi bolešljiv, oslabio i iznenada umro, drugi da se sam otro-

---

[*] tj. senatora
[**] To je bio peti mesec, jer je godina počinjala 1. marta.

vao, a treći da su ga ugušili njegovi neprijatelji uvukavši se noću kod njega. A ipak je Skipionovo mrtvo telo bilo javno izloženo tako da su ga svi mogli videti i svojim očima se uveriti u opravdanost sumnji i postojanje jasnih dokaza o onom sto se zbilo.

A od Romula, koji je tako naglo nestao, nije ostao ni delić tela ni komadić odeće da se vidi.

Neki su, pak, pretpostavili da su ga većnici u Hefajstovom svetilištu napali i ubili, a zatim ga isekli na komade, od kojih je svaki sakrio po jedan u nabore odeće, i izneli to odatle.

Drugi misle da on nije iščezao u Hefajstovom svetililištu niti samo u prisustvu većnika, nego da se to dogodilo izvan grada, na mestu zvanom Kozja bara gde je Romul držao skupštinu, kad se iznenada u vazduhu zbilo nešto čudesno, nemoguće da se opiše, s neverovatnim promenama. Sasvim je nestalo sunčeve svetlosti i zavladala je noć, ali ne blaga i mirna, već je strašno sevalo i grmilo i sa svih strana su duvali olujni vetrovi.

Uto se onaj silan svet rasprši i razbeži na sve strane, a uglednici se tesno zbiju jedan uz drugog.

Kada je ova strahota prošla i kada je svetlost ponovo zasjala, narod se povrati na ono mesto, i počne pitati za kralja koga nije bilo, i tražiti ga, ali ih oni uglednici spreče da se to ispituje i istražuje, već narede svima da Romula poštuju i obožavaju, kao nekog koga su oteli gore među bogove i koji će, dotle njihov valjan kralj, postati i njima naklonjeno božanstvo.

Većinu ovo ubedi, pa se radosno i klanjajući se udalje, puni dobrih nada. Ali bilo je onih koji su ovaj događaj ispitivali s gorčinom i zlovoljom, uznemirujući patricije i prebacujući im da su narod zaveli ludostima, dok su u stvari oni svojeručno umorili kralja.

28. U takvim prilikama istupi na forum jedan patricij, Julije Proklo, prvi po rodu i veoma cenjen kao čovek, pouzdan prijatelj samom Romulu, s kojim je nekad i došao iz Albe; on se, dakle, prisegnuvši najpre pred najvećim mogućim svetinjama, obrati svima rečima kako se pred njim, dok je išao putem, pojavio Romul, dolazeći iz suprotnog pravca, a bio je lep i stasit kakvog ga nikad dotle nije video, opremljen sjajnim oružjem koje je sve plamtelo. Zapanjen ovim prizorom on mu reče: „Kralju, šta ti se dogodilo ili s kojom si nas namerom napustio da nas tako nepravedno i ružno optužuju, a da grad kao siroče pati u teškom jadu?"

Na to je on odgovorio: „Bogovi su, Proklo, odlučili da neko vreme boravimo među ljudima, a, pošto osnujemo grad koji će doći do najveće slave i vlasti, da se ponovo vratimo boravku na nebesima odakle i potičemo. Ostaj zdravo i objavi Rimljanima da će doći do najvećeg vrhunca ljudske moći ako sačuvaju umerenost i budu uvek hrabri. A ja ću vas kao božanstvo *Quirinus* štititi milostivo".

To se Rimljanima učini verodostojno zahvaljujući značaju ovog čoveka i njegovoj zakletvi; a opet su bili obuzeti nekim božanskim osećanjem sličnim entuzijazmu tako da niko nije protivrečio već su odbacili svaku sumnju i optužbu moleći se Kvirinu i obraćajući mu se kao bogu.

DIGRESIJA O ARISTEJI I NEOBJAŠNJENIM NESTANCIMA

Ovo, međutim, liči na mit koji Heleni pričaju o Aristeji sa Prokonesa i o Kleomedu iz Astipalaja. Kažu, naime, da je Aristeja umro u nekoj valjarskoj radionici, a kad su prijatelji došli po njegovo telo, nije ga više bilo. Ali su neki ljudi, upravo se vrativši sa putovanja, tvrdili da su naišli na Aristeju kako ide prema Krotonu.

Za Kleomeda kažu da je bio čovek natprirodne snage i ogromnog stasa, ali tupav i mahnit, koji je mnogo puta postupao nasilnički; na kraju je u jednoj školi, punoj dece, udarcem ruke po sredini slomio stub koji je podupirao tavanicu, tako da se krov srušio. Budući da su deca nastradala, njega su počeli goniti; on se sklonio u veliki drveni kovčeg spustivši sam poklopac i držeći ga čvrsto iznutra tako da ni njih nekoliko, čak ni zajedničkim naporima, nisu uspeli da ga otvore na silu.

Kada su razbili kovčeg, unutra nisu našli ni živog čoveka ni leš. Zapanjeni, ljudi su poslali poslanstvo u Delfe da pita boga za savet, a Pitija im je odgovorila da je

„*poslednji među herojima Kleomed iz Astipalaje*".

Priča se da je, pri njenoj sahrani, nestao i Alkmenin leš, a na njenoj postelji se pojavio jedan kamen.

I uopšte, priča se mnogo takvih priča, pri čemu se neopravdano ono što je po prirodi smrtno obožava zajedno s bogovima. Pri tom je, dabome, sasvim bezbožno i prostački, da se u potpunosti poriče božanska priroda vrline, ali je suludo da se zemlja meša s nebesima. Ipak se mora prihvatiti u sigurnim slučajevima u skladu s Pindarovim stihovima da se

„*svačije telo podvrgava presilnoj smrti,
i da za njim živa ostaje slika
večnosti, koja jedino potiče od bogova*".

Ona je, naime, došla odande i tamo se vraća, ne sa telom, već kad se, što je više moguće, oslobodi i reši tela, potpuno se očisti i postane bestelesna i nevina. „Jer to je ona suva duša i najbolja, po Heraklitu", koja izleti iz tela kao munja iz oblaka. Ona je zapravo, pomešana s telom i potpuno njime prožeta, kao neko teško maglovito isparenje, i teško se oslobađa telesnih stega i teško uspinje.

Dakle, uopšte ne treba da se, protiv prirode, tela dobrih ljudi zajedno šalju gore na nebo, već treba verovati da njihove vrline i njihove duše potpuno u skladu s prirodom i sa božanskom pravdom od ljudi u heroje prelaze, od heroja u demone, a od demona ako se potpuno pročiste i posvete kao u misterijama, izbegavši u potpunosti ono što je smrtno i prolazno, uzdižu se među bogove, ne po zakonima grada, već po istini i po verovatnoći razuma, dobivši po zasluzi kraj najlepši i najblaženiji.

ROMULUS QUIRINUS

29. Epitet *Quirinus*, koji je dobio Romul, neki nazivaju i *Enyalios*, a drugi ga povezuju sa *Quirites*, kako su tada zvali rimske građane. Neki, opet, kažu da su u starini vrh koplja ili samo koplje nazivali *quiris* i da se kip boginje Here zove *Quiritis* zato što je podignut na vrhu koplja a koplje posvećeno u Regiji nazivali su Aresom, a kopljem su nagrađivali one koji bi se istakli u ratu, i da je dakle Romul nazvan *Quirinus* jer je bio bog poput Aresa i naoružan kopljem. A na brežuljku Kvirinalu, koji je po njemu dobio ime, podignuto mu je svetilište.

A onaj dan kad je nestao zove se *bekstvo naroda* i *Nonae Caprotinae* po tome što se tada silazi iz grada do Kozje bare da bi se prinela žrtva; a oni kozu nazivaju *capra*.

Odlazeći, dakle, da prinesu ovu žrtvu, oni pri tom bučno uzvikuju mnogo domaćih imena (na primer ime Marka, Lukija, Gaja), podražavajući rasulo iz onog vremena i međusobno dozivanje ljudi prestrašenih i zbunjenih.

Međutim, drugi tvrde da se ovim ne podražava bekstvo, već žurba i hitnja, a kao razlog navode sledeće objašnjenje.

Kada je Kamil proterao Kelte iz Rima, koji su oni prethodno bili osvojili, oslabljeni grad se teško oporavljao, pa su na njega zavojštila mnoga latinska plemena pod vođstvom Livija Postumija. On utabori vojsku nedaleko od Rima i pošalje glasnika da im poruči da bi Latini da ožive nekadašnje srodstvo i savez, koji su već popustili, da se njihovi narodi ponovo izmešaju novim bračnim vezama. Ako im, dakle, oni pošalju dovoljno devica i udovica, zavladaće mir i prijateljstvo s njima, kao što je ranije i sa Sabinjanima pod sličnim okolnostima.

Kad su ovo čuli, Rimljani su se pobojali rata, a pri tom su smatrali da ovo izručenje njihovih žena uopšte nije doličnije od zarobljeništva.

Dok su oni tako bili u nedoumici, posavetuje ih neka služavka po imenu Filotida, ili kako drugi kažu, Titula, da ne učine ni jedno ni drugo, već da se posluže lukavstvom ne bi li izbegli istovremeno i rat i zahtev za taocima. Varka se sastojala u tome da nju samu, Filotidu, i sa njom sluškinje odevene kako priliči slobodnim ženama, pošalju neprijateljima; zatim, noću, Filotida treba da podigne baklju, a da Rimljani navale s oružjem na neprijatelje dok još spavaju.

Tako i učine, posle pristanka (rimskih) vlasti, i Filotida podigne baklju iznad neke divlje smokve, zakrilivši je odostrag zastorom i koprenom, tako da neprijatelj ne vidi svetlost, a da je Rimljani mogu primetiti.

Kad su je, dakle, spazili, oni smesta hitro izađu, a u toj žurbi su se međusobno često kod gradskih kapija dozivali po imenu. Upavši tako neočekivano kod neprijatelja i savladavši ga, oni po tome svetkuju to pobedničko slavlje. A *nonae Caprotinae* zovu se tako po latinskom nazivu *capriﬁcus* za divlju smokvu. Van grada, u hladovini pod granama smokvinog stabla, priređuje se gozba za žene. A sluškinje skupljaju novac obilazaći grad i igrajući se, zatim se međusobno udaraju i bacaju kamenom jedna na drugu, kao što su nekad pritekle u pomoć Rimljanima dok su se borili, boreći se zajedno s njima.

Ipak nije mnogo pisaca koji se s ovim slažu, već izgleda verovatnije prethodno objašnjenje zašto se po danu tako uzvikuju imena i zašto se odlazi kod Kozje bare kao na žrtvu, ukoliko se, tako mi Zevsa, nije i jedno i drugo zbilo na isti dan, ali u raznim vremenima.

A kažu da je Romulu bilo pedeset i četiri godine kada je nestao iz sveta ljudi u tridesetosmoj godini svoje vladavine.

POREĐENJE TESEJA I ROMULA

1. To je, dakle, vredno pažnje što smo mogli da saznamo o Romulu i o Teseju. Izgleda, najpre, da se Tesej po svom izboru, a da ga niko nije prisiljavao, i mogao je bezbrižno da vlada kao kralj u Trojzenu, naledivši vlast koja nije bila bez slave, sam po sopstvenom nahođenju prihvatio krupnih pregnuća; a da je Romul bežao iz ropstva u kom se nalazio i od osvete koja mu je pretila, u skladu s onom Platonovom mišlju pa je postao hrabar samo iz straha[*] i boreći se da ne doživi ono najgore, prihvatio se iz nužde da izvrši krupna dela. Zatim, njegovo najveće delo je to što je uklonio jednog tirana, onog u Albi, a za Teseja su Skejron, Sinid, Prokrust, Korinet, bili samo uzgredni i pripremni doživljaji; uklanjajući njih i kažnjavajući ih on je Heladu oslobađao strašnih tirana, pre no što je i upoznao nekog od onih koje je spasavao. Uz to valja dodati da je Teseju bilo moguće da mirno putuje morem ne trpeći nepravdu od razbojnika, a Romulu, međutim, nije bilo moguće da se spase od nedaća dok

---

[*] Up. Platon, *Fajdon* 68d; znači da je Tesej posedovao „filosofsku" vrlinu, pročišćenu razmišljanjem, a Romul je postupao samo iz neophodnosti situacije. Plutarhov citat nije doslovan.

je Amulije živ. Za ovo postoji značajan dokaz: Tesej je, iako njemu lično nije bila učinjena nikakva nepravda, navalio zbog drugih na zlikovce, a ovi [Romul i Rem], dok sami nisu iskusili zlo od tirana, dopuštali su da on svima nanosi nepravdu. I zaista, ako je znamenito to što je Romul bio ranjen u borbi sa Sabinjanima i što je uklonio Akrona i što je u boju savladao mnogo neprijatelja, sa tim se može takmičiti Tesej svojim podvizima u kentauromahiji i amazonomahiji. A šta se sve usudio da uradi Tesej u vezi sa dankom Kritu, bilo kao hrana nekoj zveri, bilo kao žrtva na Androgejevom grobu, bilo – a to je još najsitnije od svega što se priča – što je služio kod ljudi osionih i zlobnih, stupivši u službu sramotnu i nečasnu, dobrovoljno otplovio s devojkama i mladićima, teško je da se kaže koliko je to bila smelost ili velikodušnost ili pravičnost za opšte dobro ili je bila žeđ za slavom ili vrlinom. Meni se stoga čini da filosofi ne greše kad ljubav tumače kao „službu bogovima radi brige i spasa omladine".* Arijadnina ljubav, naime, pre svega izgleda kao delo božje i način da se heroj spase. Nije u redu nju optuživati što ga je zavolela, već se valja čuditi što nisu svi ljudi i sve žene prema njemu osetili isto; a ako je jedino ona to doživela, verujem da bih s pravom rekao da je ona bila dostojna ljubavi boga, jer je volela lepo i dobro i bila zaljubljena u najbolje osobine.

2. Iako su obojica po prirodi bili predoređeni da vladaju, nijedan od njih nije do kraja sačuvao kraljevski odnos, nego su se od njega uda-

---

* Odnosi se na definiciju ljubavi platoničara Filemona.

ljili i promenili ga, prvi ka demokratiji, drugi ka tiraniji, istovremeno pogrešivši, ali suprotnim pristupima. Treba, naime, onaj koji vlada da najpre čuva samu tu vlast; a čuva je ne manje tako što je drži dalje od onog što je nedolično nego što je pridržava uz ono što je dolično. Onaj koji popušta ili zateže, ne ostaje kralj niti vladar, već postajući demagog ili despot, postiže da ga oni kojima upravlja ili mrze ili preziru. Samo što ono prvo ipak izgleda da potiče od obzira i čovekoljublja, a ovo drugo od sebičnosti i neosetljivosti.

3. Ali ako nesreće ne treba u potpunosti pripisivati božanstvu, nego tražiti u ljudima kvarenje njihovog morala i karaktera, besa i brzog, iznenadnog gneva, neka niko ne oslobađa odgovornosti Romula zbog postupka prema bratu niti Teseja zbog onoga što je učinio svom sinu. Ali ono što pokrene bes pre se može oprostiti kod osobe koja propadne takoreći od teže rane usled krupnog razloga. Za Romula, naime, koji se savetovao s bratom u razmatranju stvari korisnih za zajednicu, usled čega je došlo do razlika, ne može se proceniti da je njegovu dušu odjednom obuzeo toliki bes; Tesej je, naprotiv, u svom odnosu prema sinu bio smrvljen onim što je izbeglo jako mnogo ljudi, a to je ljubav, ljubomora i ženske klevete. Ovde je još važnije što je Romulov bes njega odveo do postupka čije je delovanje imalo krajnje nesrećan svršetak, a Tesejev se gnev zadržao na rečima, proklinjanju i kletvama jednog starca, dok se sudbini može oprostiti sve ostalo što se zbilo s tim mladićem. Na osnovu svega toga, čovek bi mogao dati glas za Teseja.

4. A Romul je imao veliko preimućstvo što se do moći uspeo krećući sa beznačajnog položaja. Jer kao robovi, nazivani sinovima svinja, pre no što su sami postali slobodni, njih dvojica su zamalo sve Latine oslobodili, sami istovremeno dobivši najlepša imena: ubice neprijatelja i spasitelji roditelja i kraljevi naroda i osnivači gradova, a ne zaslužni za preseljenje, kao što je to bio Tesej kad je mnoga naselja okupio i ujedinio ih u jedno, razarajući pri tom mnoge gradove s imenima drevnih kraljeva i heroja. Romul je, međutim, tako postupio kasnije, prisiljavajući neprijatelje da ruše svoja naselja i da ih uništavaju, pridružujući se pobednicima; u početku on nije preselio ni proširio neki već postojeći grad, nego ga je gradio, ujedno sebi stičući zemlju, otadžbinu, kraljevinu, porodice, žene, saveznike, ne ubijajući nikog niti upropašćujući, čineći dobročinstvo ljudima bez doma i bez ognjišta, koji su imali želju da postanu narod i građani. Nije pobio razbojnike ni zlikovce, nego je narode pripojio ratom, pokorio gradove i trijumfovao nad kraljevima i vojskovođama.

5. Uz to je sporno i ko je počinilac Removog ubistva i krivica se najvećim delom pripisuje drugima, a ne Romulu; ali je pouzdano da je on spasao svoju majku, kojoj je pretila potpuna propast, a svog dedu, koji je neslavno i nečasno robovao, posadio je na Ajnejin presto. Učinio mu je mnoga dobra dela svojevoljno, a nije mu naneo nikakvu štetu čak ni nehotice. Tesejevu zaboravnost, naprotiv, i nebrigu u vezi s nalogom o jedru, verujem da bi mu jedva neko oprostio da izbegne optužbu o oce-

ubistvu, čak ni posle duge odbrane pred blagonaklonim sudijama; čak neki antički autor, shvativši da je suviše teško da se ovo brani, čak i kad se hoće, izmišlja da je Ajgej, kad se lađa približavala, žurno potrčao na akropolj da je vidi, da se sapleo i pao, kao da je on mogao biti bez pratioca, sam, ili da se uz njega, dok je žurio ka moru, nije našao niko od posluge.

6. Ni u vezi s otmicama žena za Tesejeve krivice ne može da se nađe nikakvo prihvatljivo opravdanje. Prvo zato što ih je bilo mnogo: oteo je, naime, Arijadnu i Antiopu i Anaksu iz Trojzena, posle svih njih i Lepu Jelenu, on već precvetao, a ona još dete nezrelo, dok je sam prešao doba za brak, čak i po zakonu. Nema izvinjenja ni za razlog ove otmice: jer nisu bile dostojnije da mu rode decu neudate kćeri Trojzenjana i Lakonjana i Amazonki nego Atinjanke koje su bile poreklom od Erehteja i Kekropa; te ovo izaziva podozrenje da je delovao iz obesti i požude. A Romul je najpre, otevši skoro osamsto žena,[*] od svih je za sebe zadržao, kažu, samo jednu, Hersiliju, a ostale je razdelio neoženjenim građanima. Posle toga je poštovanjem, naklonošću i pravičnošću prema ovim ženama, pokazao da je ona sila i nepravda bila jako mudar i u najvećoj meri državnički postupak radi ujedinjenja. Tako je on ova dva naroda pomešao međusobno i stopio ih, stvorivši za državu izvor uspeha i moći u budućnosti. Vreme je svedok stidljivosti i prijateljstva i stabilnosti koje je on ugradio u ove

---

[*] U glavi 14. Romulove biografije Plutarh navodi broj 683 za otete Sabinjanke, te se ovde Plutarh očigledno zabunio.

brakove; jer u toku 230 godina nijedan se muž nije usudio da napusti zajednicu sa ženom, niti se žena usudila da napusti muža; takođe, kod Grka, samo jako učeni mogu da navedu ko je prvi ubio svog oca ili majku, ali kod Rimljana svi znaju da je Kapvilije Spurija bio prvi koji je otpustio svoju ženu, optuživši je da je nerotkinja. Tako dugim vremenom posvedočila su dela. Jer su se kraljevi zbog te ženidbe udružili u vlasti, a narodi u građanskim pravima; Tesejevi brakovi, naprotiv, nisu Atinjanima stvorili nikakvo prijateljstvo niti savez sa nekim, već neprijateljstva i ratove i ubistva građana i napokon gubitak Afidne, uz samilost neprijatelja, pred kojima su pali ničice i nazvali ih božanstvima, izbegli su da dožive ono što su Trojanci doživeli zbog Aleksandra.* Tesejeva majka sama nije bila u opasnosti, ali je doživela isto što i Hekaba, jer je njen sin napustio i zaboravio, ukoliko nisu izmišljene priče o njenom zarobljavanju, kao što bi bilo dobro da je to laž i još štošta o Teseju.

Velika je razlika i u onome što se priča o ulozi božanstva u njihovim životima. Romul je dobio spasenje velikom milošću bogova, a proročanstvo, dato Ajgeju da se u tuđini kloni žena, izgleda da otkriva da se Tesejevo rođenje dogodilo protivno volji bogova.

---

* Plutarh misli na Parisa. Zauzeće Afidne od strane Dioskura opisuje se u Tesejevoj biografiji 32–33.

O PLUTARHU

Danas, na početku trećeg milenijuma nove ere mnogi se mislioci bave svođenjem računa o proteklom razvoju čovečanstva ne bi li uočili konstante za neke buduće perspektive globalnog društva. Kao nikad do sada, svet je povezan na celom zemaljskom globusu, nastanjenom sada ogromnim brojem stanovništva, koji već premaša šest milijardi ljudi. Poređenja radi, istorijska demografija procenjuje da je oko početka nove ere, znači pre dve hiljade godina, ekumenu nastanjivalo jedva trista miliona ljudi. Ova ogromna nesrazmera, u odnosu na iste, ili smanjene životne resurse na našoj planeti, zahteva i obimna preispitivanja značaja i uloge mnogih komponenti u kulturnoj istoriji, da bi se procenilo čemu valja dati prednost i šta se kao neophodno mora zadržati za budućnost.

Takvom preispitivanju izloženi su i koreni evropske kulture.* U krupne korene evropske i, danas, svetske kulture nesumnjivo spada i grčki pisac Plutarh, poslednji veliki autor koji je pisao na grčkom jeziku.

Plutarh je verovatno rođen 46. godine nove ere u gradiću Hajroneji u antičkoj Bojotiji,** blizu Tebe. Nedaleko od tog gradića se 338. godine pre nove ere odigrala strašna bitka između ujedinjenih Tebanaca i Atinjana, s jedne strane, i nove velike sile, makedonske vojske pod vođstvom kralja Filipa II, oca Aleksandra

---

* V. tekst Karla Joahima Klasena: *Zašto klasika danas?*, u prevodu Ivane Gađanski, Letopis Matice srpske, mart 2004.

** Ovde se koristi klasični izgovor i grčkog i latinskog jezika, prihvaćen u celom svetu danas, umesto tzv. tradicionalnog izgovora Heroneja, Beotija, Cezar i dr.

Velikog. Davno je na tom bojištu podignut mermerni kip lava da čuva grob Svete tebanske čete, čiji su borci izginuli u ovoj izgubljenoj bitki.

Rođen u ovom istorijskom ambijentu, punom značajnih reminiscencija i četiri veka kasnije, Plutarh kao da je bio predodređen da se posveti proučavanjima prošlosti i istorije.

Za tih nekoliko vekova od Hajronejske bitke istorija Grčke, Makedonije, Azije, Egipta, Balkana i tadašnje Evrope radikalno se, brzo i sveobuhvatno menjala. Na istorijsku scenu je odlučno stupio Rim, koji je pobedio sve tada poznate oblasti: u Plutarhovo doba Rimsko carstvo se prostire od Britanije do Mesopotamije. Grčka je bila pobeđena još 146. godine pre nove ere, postavši rimska provincija. Plutarha je počelo zanimati kako je i otkuda sve to počelo, kakvi su bili ljudi koji su stvorili ove velike države, Grčku nekada (kako je on verovao) i Rimsko carstvo u kome je živeo.

On se veoma dobro pripremio za obrade ovih tema. Učio je u Atini kod filosofa eklektika Amonija,* kraće vreme i u Aleksandriji, u Egiptu, gradu koji je osnovao Aleksandar Veliki, a Plutarh je osnovao skromnu platonovsku akademiju u rodnom mestu. Putovao je po celoj Grčkoj, Egiptu, Maloj Aziji, bio je dva ili tri puta u Rimu; naučio je izgleda i nešto latinskog. Znao je svu filosofiju pre svoga vremena, istoriografiju takođe, svu književnost. Bio je dugo sveštenik u Delfima i zanimao se za mnoga teološka pitanja; pored ostalog napisao je spis *O Isidi i Ozirisu*, što je dve hiljade godina bilo jedan od glavnih izvora saznanja Evrope o staroj egipatskoj religiji, budući da je originalno egipatsko hijeroglifsko pismo bilo potpuno zaboravljeno.**

U antici se navodio spisak od 227 naslova knjiga koje je Plutarh napisao. Iako su antičke knjige bile kraće

---

* Kasnije se pojavljuje u Plutarhovim *Pitijskim dijalozima*, v. prevod Svetlane Lome u izdanju Matice srpske, Novi Sad, 1990.

** Sve do 1822. godine, kad ga je dešifrovao genijalni mladi Francuz, Žan Fransoa Šampolion.

nego naše danas, oko četrdeset naših strana, to je svejedno ogroman broj i obim, verovatno više od deset hiljada strana. Nije sve to sačuvano, iako, s obzirom na tehnologiju umnožavanja knjiga, rukopisom, pravo je čudo što je i ovoliko očuvano skoro pune dve hiljade godina. A sačuvano je 78 raznih radova i 50 biografija.

Od ovih 50 biografija ima 23 para paralelnih biografija, po jednog istaknutog Grka i Rimljanina, i 4 su pojedinačne. Zanimljivo je da su nam sačuvane biografije samo dva manje značajna rimska cara, Galbe i Otona, a poznato je da je Plutarh napisao i biografije osnivača principata Oktavijana Avgusta i careva Tiberija, Kaligule, Klaudija, Nerona i Vitelija. Znači da je on bio obradio osam rimskih careva; sam je bio rođen za vreme cara Klaudija, a za njegova se života na rimskom prestolu promenilo jedanaest careva.

I to ga je verovatno moglo navesti da razmišlja o promenljivosti ljudske sreće, o ulozi vrline i značaju karaktera čoveka u onome što mu se događa. Kao mladić od dvadesetak godina video je lično rimskog cara Nerona u Delfima 67. godine. Neron je bio naklonjen Grčkoj, čijim je gradovima dao autonomiju, koju im je samo koju godinu kasnije oduzeo car Vespazijan.* Za vreme Plutarhove mladosti iz Rima su bili proterani filosofi; naročito su kiničari bili protiv vlasti.

Izgleda da je većina Plutarhovih biografija napisana za vreme vlade cara Trajana,** a među poslednjima su napisane biografije osnivača Atine i Rima, Teseja i Romula. Car Trajan, koji je poticao s druge strane Rimskog carstva, iz Španije, posle pobedničkih pohoda na Balkan i Dačane, našao se tamo gde je nekad bio i najveći osvajač svih vremena, Aleksandar: u Vavilonu, drevnom gradu osnovanom još u 18. veku pre nove ere. Našavši se na obalama Persijskog zaliva, car razmišlja da li da krene na Indiju, kao Aleksandar. Smrt ga je u tome sprečila, ali je to moralo biti veoma značajno za Plutarha. Upravo tih

---
* Vladao od 69–79. g. nove ere.
** Vladao od 98–117. g. nove ere.

godina Plutarh piše Romulovu biografiju da objasni, i sebi i drugima, odakle je to sve krenulo i kako je počelo. Upoređuje Romula sa Tesejem, polumitskim osnivačem Atine. Očigledno je da sudbina nije u istom smislu bila naklonjena Atini i Rimu, *Roma aeterna* je zemlja u kojoj sunce „nikad ne zalazi", a Atina je samo jedan grčki grad, doduše „majka i hraniteljica umetnosti", ali ipak tada samo sa davnom, slavnom prošlošću. U tome ni sva Hadrijanova* ljubav ni zalaganje nisu promenili ništa.

Upravo na ovom primeru se vidi opravdanost Plutarhovog metoda pisanja biografije, a ne istorije, opravdanost sa njegovog stanovišta. Jer ličnosti i njihova dela, kao praktična filosofija, mogu biti primer za ugled čak i ako njihova zemlja nije velika ni moćna. Integritet njihovih ličnosti, ciljevi delovanja i zasluge za potomstvo su ona strana ljudske istorije koju Plutarh misli da treba dobro upoznati i slediti. Jer, nema prave ličnosti ako se njene dobre osobine ne iskazuju kroz korisno delovanje.

Plutarh se još od mladosti nadahnjivao pitijskom parolom iz Delfa „Upoznaj samoga sebe". Iako se sam bavio nekom vrstom psihoanalize**, on je ovaj zahtev drevnog proročišta ipak shvatio tako ne da upozna sebe lično, kao pojedinačno biće, nego da upozna čoveka i njegove osobine, da vidi od čega zavisi sreća čoveka. Plutarh je zaključio da velika dela, kojima su po tradiciji ljudi u antici neprestano težili, ne zavise samo od sreće ili od sudbine, nego i od mudrosti, tj. od vrline. To je stara sokratovska ideja da je vrlina znanje, to jest da se vrlina može učiti. Ako se vrlina može naučiti, čoveku ostaje dosta slobode za delanje, u građenju sopstvene sreće. Sreća sadržana u vrlini je najvažnija u životu. Čak ni moć do koje neko može doći zahvaljujući sreći ne znači mnogo, jer se može zadržati i pravilno upotrebiti samo zahvaljujući vrlini.

---

* Vladao od 117–138. g. nove ere.
** Kažu da su ga u Rimu dočekivali ne samo kao filosofa i učenog oveka, nego i kao psihoterapeuta.

Plutarha je proučavanje istorije uverilo da je Rimljane često pratila sreća, ali je, kao Grk, dodavao da je njihova najveća sreća bilo to što je Aleksandar Veliki umro pre no što je mogao da krene u pohod na Zapad i Italiju. On je pisao da je svojim vrlinama Aleksandar nadmašio sve junake ranijeg vremena, i mitske i istorijske. Uporedivši Gaja Julija Kajsara s Aleksandrom, Plutarh je odao najveće priznanje Rimljanima.

Sve ove osobine Plutarhovog metoda paralelnih biografija vide se i kod Teseja i Romula, posebno u završnim poglavljima *Poređenja*. I te biografije sadrže osnovne elemente njegove metodske sheme izlaganja: rođenje junaka, porodica, obrazovanje, počeci delovanja u javnom životu, uspon u karijeri, promene u sudbini ili postupanju, pozno doba i smrt. Neki to zovu prikazom „od kolevke do groba", iako se u stvari radi o političkim biografijama. Težište izlaganja je na primerima vrline ili mana, uz slikanje karakternih osobina, i značajnim anegdotama iz života velikih ljudi. Hronologija mu nije u prvom planu, kao ni sami događaji u kojima opisane ličnosti učestvuju. Čuvena je Plutarhova maksima da su karakter i životne sitnice važnije od velikih bitaka i osvojenih gradova, zbog čega on piše biografije, a ne istoriju.

Plutarhove biografije velikih ličnosti su upravo zbog mnoštva ovakvih detalja iz života tih ljudi mnogo uticale na evropsku književnost poslednjih petsto godina, još od 16. veka. Da nije bilo lektire Plutarhove, teško da bismo imali ovakvog Šekspira. Biografijama i etičkim spisima Plutarhovim u velikoj meri su se inspirisali Montenj, Drajden, Ruso, Emerson, Gete. Polihistori kao Pluatrh mnogo su uticali i na razvoj književnih shvatanja tokom vekova, na primer na pojam eseja kao književnog oblika.

Vuk Karadžić je biografije slavnih Srba nazvao „Srpski Plutarh", još 1821. godine.*

---

* V. moj pogovor „Plutarh, danas" izboru Plutarhovih biografija u prevodu Miloša N. Đurića, koje sam pod naslovom *Slavni likovi antike*. I–II pripremila za Maticu srpsku 1987. godine

* * *

Plutarha je na srpski najviše prevodio naš istaknuti helenista, akademik Miloš N. Đurić. Izdanja njegovih prevoda navela sam u knjizi *Slavni likovi antike*. I–II. O Romulu se danas može pročitati i kod Tita Livija *Od osnivanja grada* (prevod s latinskog Mirjane Mirković, SKZ, Beograd, 1991, knj. I 3–17, str. 7–22). Ovim dvema Plutarhovim biografijama posvećena su i dva moja rada u knjizi: *Razgovor s vremenom*. Antičke i moderne teme I, Vršac, KOV, 1995. To su naslovi: *Tesej – legendarni tvorac atinske i evropske demokratije* (str. 47–60) i *Vivisekcija odnosa moći i vrline kod Plutarha* (str. 61–66).

SADRŽAJ

Tesej 5
Romul 51
Poređenje Teseja i Romula 103
Ksenija Maricki Gađanski: O Plutarhu 109

Izdavačko preduzeće
RAD
Beograd, Dečanska 12

*

Glavni urednik
NOVICA TADIĆ

*

Grafički urednik
MILAN MILETIĆ

*

Korektor
MIROSLAVA STOJKOVIĆ

*

Nacrt za korice
JANKO KRAJŠEK

Digitalizacija slova
DARKO STANIČIĆ

*

Za izdavača
SIMON SIMONOVIĆ

*

Štampa
Elvod-print, Lazarevac

Tiraž 1000

www.ingramcontent.com/pod-product-compliance
Lightning Source LLC
Chambersburg PA
CBHW071713040426

42446CB00011B/2040